数字经济
推动乡村产业发展

基于质量、效率、动力变革视角

贾兴梅 著

经济管理出版社

ECONOMY & MANAGEMENT PUBLISHING HOUSE

图书在版编目（CIP）数据

数字经济推动乡村产业发展 ：基于质量、效率、动力变革视角 ／ 贾兴梅著. -- 北京 ：经济管理出版社，2025. -- ISBN 978-7-5243-0219-3

Ⅰ．F323

中国国家版本馆 CIP 数据核字第 202570FB00 号

组稿编辑：张丽媛
责任编辑：王光艳
责任印制：许　艳
责任校对：陈　颖

出版发行：经济管理出版社
　　　　　（北京市海淀区北蜂窝 8 号中雅大厦 A 座 11 层　100038）
网　　址：www. E-mp. com. cn
电　　话：（010）51915602
印　　刷：北京金康利印刷有限公司
经　　销：新华书店
开　　本：720mm×1000mm/16
印　　张：16
字　　数：221 千字
版　　次：2025 年 6 月第 1 版　　2025 年 6 月第 1 次印刷
书　　号：ISBN 978-7-5243-0219-3
定　　价：89. 00 元

前　言

　　乡村产业振兴是乡村振兴的重点任务与关键环节，是我国经济高质量发展的重要举措。2020 年 7 月出台的《全国乡村产业发展规划（2020—2025 年）》为乡村产业振兴指明了方向。近年来，我国各地不断探讨乡村产业振兴的实现方式，以 5G、人工智能和物联网为代表的新基建为乡村产业振兴带来前所未有的机遇。在此情形下，如何持续推动乡村产业发展，实现乡村产业振兴，促进高质量发展，成为亟待解决的重要课题。数字乡村建设作为实现乡村振兴的重要举措，能够带动农业农村现代化加快发展，乡村产业发展在数字经济时代也被赋予了新的内涵，本书将以数字经济为研究视角，通过构建数字经济指标体系及乡村产业发展指标体系，从理论上分析数字经济对乡村产业发展的影响。在数字经济推动乡村产业发展的过程中，质量变革、效率变革与动力变革起到了重要的作用，本书将在梳理和总结数字经济推动乡村产业发展的典型案例与经验的基础上，寻求发展过程中的"瓶颈"与"短板"，分析数字经济所引发的质量变革、效率变革与动力变革如何进一步推进乡村产业发展，从而揭示乡村振兴进程中基于数字视角的乡村产业发展演化规律。

　　数字经济作为新型经济对经济高质量发展具有举足轻重的作用，乡村产业发展是乡村发展的重要支撑，两者之间存在密切联系。本书在研究两者间的内在逻辑与机理的基础上，围绕质量、效率、动力变革展开。主要包括以下三个部分：一是现状评估与时空演变。①文献综述及理论阐释。梳理相关文献，对乡村产业发展的主要方式、动力机制、水平测度、质量效应、影响因素及数字经济对乡村产业发展的影响等进行归纳，并对相关的概念与理论进行阐释。②典型事实与现状分析。根据相关研究对数字经济的测度与对乡村产业发展的衡量，依据典型事实对数字经济水平与乡村产业发展水平进行初步判断，并从不同视角对数字经济指标体系与乡村产业发展指标体系进行构建，采用熵值法进行计算，判断数字经济与乡村产业发展的变化趋势。③协调发展与时空演变。运用耦合协调模型，基于全国层面、区域层面、省级层面等判断数字经济与乡村产业的协调发展趋势，运用重心分析法、Dagum 系数法、核密度估计法及 Moran's I 指数法分析两者之间的空间维度的变化，以此判断两者之间的相关性。二是机理与实证分析。①质量、效率与动力变革机制研究。从理论角度分析数字经济与乡村产业发展之间的内在机制，并探究其可能产生的效应。②质量变革、效率变革与动力变革的实证研究。运用熵权法将相关变量的衡量从多维转化为一维，采用计量经济模型进行实证研究。③聚焦典型地区的成功经验，探究典型案例中乡村产业发展的模式、驱动力、质量水平等，以案例的形式剖析不同区域不同模式下数字经济如何影响乡村产业的三大变革。三是未来趋势与实施路径。从数字基础设施建设、人才建设、技术创新等多角度着手，围绕质量变革、效率变革、动力变革等提出对策。

　　本书受到了安徽省高校杰出青年项目（2022AH020030）、安徽省自然科学基金面上项目（2108085MG248）的资助，是其结项成果之一，同时本书受到安徽工业大学安徽创新驱动发展研究院、长江产业经济驱动与产业转型升级发展研究中心的支持。在调研和写作过程中，得到了省内外多所高校的有关专家的支持、关心和帮助，在此一并表示衷心感谢。在写作过程中，参阅了大量国内外的文献和资料，借此机会向各位作者表示衷心的感谢。

目　录

第❶章
研究概述

一、研究背景与意义

（一）研究背景

随着网络化、信息化、数字化在农业农村经济发展中的应用日益普遍，数字经济在促进产业转型、提升农业农村现代化发展水平等方面的作用越来越突出。2019年中共中央办公厅、国务院办公厅印发的《数字乡村发展战略纲要》首次明确提出建设数字乡村的目标，2022年中央网信办、农业农村部等10部门印发的《数字乡村发展行动计划（2022—2025年）》，重申了数字乡村建设的战略方向与主要任务，强调了数字经济在乡村振兴过程中的引领作用，在农业农村现代化发展中的带动作用。目前我国数字经济已获得迅速发展，截至2022年，数字经济规模突破50万亿元，总量仅次于美国，对GDP的贡献已超过40%，同比名义增长超过10%。农村网络零售额已超过2万亿元,吸引1000多万人员入乡返乡创业,农村网络支付用户规模高达2.27亿,互联网地图新增乡村地名高达400多万条,① 2023年数字经济规模更是超过55万亿元。据中国信通院预测,到2025年我国数字经济规模将超过60万亿元,年均增速有望保持在9%。② 此外,数字乡村也获得较大发展,截至2020年中国数字乡村发展指数为20.8,较2016年提升了8.45倍,每年的增长幅度均在35%以上,其中浙江最为突出。③

随着数字技术的不断发展和应用,乡村数字经济也得以快速发展。目前数字经济已成为乡村发展的新动力,不断推进乡村经济高质量发展(赵涛等,2020),不仅拉动投资、消费,促进农村人口就业,给农村地区产业发展带来了新活力,还给农民增收带来了新途径(齐文浩等,2021)。特别是"数商兴农"工程的兴起,进一步推进农产品交易实现网络化、数字化与智能化,加速推进数字信息技术与商务活动的深度融合,以农村电商为代表的乡村数字经济发展成为乡村经济发展的新动能。但当前甚至将来很长一段时间,乡村数字经济发展相对滞后于城市数字经济发展,其发展路径主要表现为城市向乡村的单向蔓延,但在这一过程中,存在不同程度的要素流动与转移,推动城乡融合发展(田野等,2022)。但如何从数字经济视角培育乡村产业发展新动能,仍是当前乡村经济发展需要关注的问题之一。

2017年党的十九大报告首次提出乡村振兴战略,之后政府文件多次强调全面推进乡村振兴。乡村产业振兴位于乡村振兴之首,可以说是乡村全面振兴的基础和关键。乡村产业振兴有利于农业农村发展提质增效,有利于破解

---

① ③ 全国农村网络零售额已超2万亿 数字乡村发展哪些省份强 [EB/OL]. 东方财富网 [2023-04-06]. https://fund.eastmoney.com/a/202304062684321479.html.

② 激活数字新动能,追求新质生产力 [EB/OL]. 中国经济周刊 [2024-01-31]. https://baijiahao.baidu.com/s? id=1789598446716374420&wfr=spider&for=pc.

农业农村发展过程中的内生性问题，能够促进农业增产、增收。2024 年中央一号文件《中共中央　国务院关于学习运用"千村示范、万村整治"工程经验有力有效推进乡村全面振兴的意见》重申提升乡村产业发展水平，重点强调农村产业之间的融合发展、农产品加工业的优化升级，推动农村流通高质量发展、强化农民增收举措等。从未来的发展趋势看，乡村产业发展具有五大趋势，即多样化、融合化、集群化、生态化、数字化。其中，乡村产业多样化表现为乡村产业结构出现了多样化的趋势，具体表现为乡村农业增加值比重下降，非农产业增加值比重不断上升。乡村产业融合化表现为产业的纵向融合一体化与横向融合一体化，纵向融合一体化聚焦农业产业链的打造，横向融合一体化聚焦农业和第二、三产业的融合。乡村产业集群化表现为建园、构链、组群，随着乡村产业的集群趋势不断加速，建园、构链、组群的趋势进一步加深。乡村产业生态化是实现乡村产业高质量发展的重要途径，要求乡村产业走上生态化绿色发展之路。乡村产业数字化是数字乡村建设和乡村产业高质量发展的必然要求，表现为乡村产业的技术装备、相关设施、管理体系的数字化和乡村劳动力素质的数字化转型。虽然乡村产业呈现新的特征，但也存在很多突出问题：一是资源利用率较低、生产效率不高、优质劳动力资源持续流失等问题抑制了农业生产能力，农业增产缓慢（刘同山等，2021）；二是新型农业经营主体难以发挥应有作用，导致农业发展对政府依赖性较强，特别是在农民受教育水平不高的情况下，新型生产力难以发挥作用，导致农业增值缓慢（郑有贵，2016）；三是农产品竞争力不足，生产经营成本高，利润下降，导致农民收入增长缓慢（万宝瑞，2016）。因此，乡村产业发展需要寻找新的动能，数字经济作为一种新型要素，在产业发展过程中被赋予新的内涵，其所具有的低成本、高流通的优势在一定程度上解决农产品流通不畅、经营成本高、要素流动缓慢、资源效率配置低等问题（吕普生，2020），有效提升农业生产效率、农产品交易速度，进一步推进农业农村高质量发展，成为推动乡村经济转型发展的新兴动力。

2018 年以来，一些有关数字乡村、数字农业等的政策陆续出台，为新发展阶段下乡村产业发展提供了新的思路与路径。乡村产业发展进入以数字化为主要生产力的新型发展阶段，通过数字等新质生产力赋能乡村产业发展，成为当前及未来一段时间的主攻方向。在上述研究背景下，本书将围绕数字经济如何推动乡村产业发展的三大变革，包含质量、效率与动力变革，重点关注数字经济如何影响乡村产业发展，其影响路径是什么？数字经济如何推动乡村产业发展三大变革，其背后的制度安排是怎样的？

（二）研究意义

作为"三农"工作重要抓手的乡村振兴战略，乡村产业振兴是其首要任务。伴随数字技术向乡村产业的渗透，以互联网、大数据为核心的数字经济展现出的创新活动和增长潜能，为乡村产业融合发展提供新的契机，逐渐成为推动乡村经济高质量发展的重要驱动力。但这种驱动力是短期有效，还是具有长期性？在这一过程中乡村产业发展需要进行哪些方面的变革？这些问题需进行深入的理论分析与实证研究。鉴于此，本书将尝试运用定量分析测算乡村产业发展与乡村数字经济水平，以定性与定量方式分析数字经济对乡村产业发展的影响及此过程中的质量变革、效率变革和动力变革，这对积极引导乡村数字经济发展，助推乡村产业发展具有重要的理论意义与现实意义。

1. 理论意义

近年来，我国已多次出台有关乡村产业发展与振兴的政策，各地也在探寻其实现方式。伴随新基建的完善，乡村产业发展面临新机遇。在此情形下，为稳定乡村产业发展，从理论角度分析如何持续推动乡村产业发展，实现乡村产业振兴,促进高质量发展,成为亟待解决的重要课题。数字经济是乡村产业发展的重要驱动力,乡村产业发展是数字经济发展的重要落脚点和突破口,随着新一代信息技术的蓬勃发展,数字技术已深入人心,为人们生产生活带来诸多便利,在新时代已成为推动经济发展的重要动力。数字经济发展所产生的规模效应、范围效应、创新效应和集聚效应,更是影响着乡村产业的发展。本书深入探究数字经济推进乡村产业振兴的机理,从理论角度分析数字技术如何影响农业产业链的延伸、释放农业生产率,数字经济如何促进乡村产业融合,助推农民增收。相关机理的探讨对于深入理解数字经济与乡村产业之间的逻辑关系具有重要的理论意义。

2. 现实意义

数字乡村建设作为实现乡村振兴的重要任务,能够带动现代化农业农村发展,运用计量经济模型实证分析数字经济对乡村产业发展的影响及相关的质量变革、效率变革与动力变革,对于明晰乡村产业发展的路径,有效落实乡村产业发展的相关政策,全面推进乡村振兴具有重要意义。本书以数字经济为研究视角,通过构建数字经济指标体系及乡村产业发展指标体系,将数字经济融入乡村产业发展中,通过数字化改造等改善乡村产业发展机制,从理论上分析数字经济对乡村产业发展产生何种影响,不仅有利于丰富数字经济与乡村产业发展的内涵和发展方式,还有利于构建现代化产业体系。在数字经济推动乡村产业发展的过程中,质量变革、效率变革与动力变革起到重要的作用,拟开展的研究将在总结数字经济推动乡村产业发展的典型案例与经验的基础上,寻求发展过程中的“瓶颈”与“短板”,分析数字经济在乡村产业发展过程中引发的质量、效率与动力变革,对于如何进一步推进乡村产业发展,同时揭示乡村振兴进程中基于数字视角的乡村产业发展演化规律具有重要的现实意义。

二、研究目的与研究内容

（一）研究目的

本书的研究目的是分析数字经济如何影响乡村产业发展，并通过"三大变革"进一步推进乡村产业发展，涉及以下四个方面：

第一，乡村产业发展的政策目标是提高农民收入，扩大当地就业，促进现代农业发展，构建产业链条完整、功能多样、业态丰富、利益联结紧密的乡村产业发展新格局。由此，本书将回答：当前乡村产业发展现状如何？数字经济在推动乡村产业发展过程中起到何种作用？如何运用数字经济推动乡村产业发展？

第二，数字经济作为一种新型经济，会对乡村产业发展产生多方面的效应，数字经济的发展，将促使中国乡村经济更快地发展。由此，本书将回答：数字经济如何推动乡村产业发展的质量变革、效率变革与动力变革？其机制如何？

第三，拟通过实证研究，为数字经济赋能乡村产业发展的质量变革、效率变革和动力变革提供实践依据。该部分将围绕以下问题进行：一是数字经济对乡村产业发展产生何种影响；二是数字经济如何影响质量变革、效率变革和动力变革，进而影响乡村产业发展。

第四，通过对数字经济推动乡村产业三大变革的典型模式进行研究，分析其经典做法、侧重点、实践效果等，发现数字经济促进乡村产业发展变革中的现实堵点。该部分将回答：不同的模式下主要做法有何不同？每种模式的侧重点在哪里？实践效果如何？每种模式下存在哪些现实堵点，如何解决这些现实堵点？

（二）研究内容

根据研究目的，本书分为八章：

第一章，研究概述。主要针对本书的研究背景与意义进行阐述，提出本书将围绕哪些问题进行，预期达到什么样的目标，研究内容聚焦哪些方面，研究思路如何，涉及什么研究方法，并明确了本书可能的创新点。

第二章，理论阐释与文献回顾。有关理论阐释重点围绕两方面进行：一是相关概念的界定与阐释，主要涉及数字经济、乡村产业振兴、乡村产业发展等；二是相关理论与政策，主要涉及数字赋能理论、相关政策及数字赋能产业发展的实践逻辑。有关文献评述重点围绕以下四部分进行：一是数字经济的相关研究归纳，涉及数字经济的指标构建、影响因素、测度方法、效应等；二是乡村产业发展的相关研究归纳，涉及乡村产业发展水平的衡量、影响因素等；三是数字经济与乡村产业发展的关系的相关研究归纳，重点围绕两者之间的内在机制、数字经济推动乡村产业发展的实现路径等来进行；四是质量变革、效率变革与动力变革的相关研究归纳，重点围绕三大变革的实施条件、实施路径、经济效应等来进行。

第三章，现状分析与时空演变。这部分围绕三方面进行：一是数字经济与乡村产业发展现状分析，基于多维视角构建数字经济与乡村产业发展的指标体系，采用熵权法等，基于全国层面、区域层面等对两者的现状进行分析。二是两者的耦合协调发展。这部分主要是针对数字经济与乡村产业发展两者之间的协调进行，采用耦合协调模型，得出两者之间的协调性，并从全国层面、区域层面等进行比较分析。三是采用重心分析法、Dagum 系数法、核密度估计法、Moran's I 指数法对两者之间的空间位置移动、空间相关性等进行判断。

第四章，数字经济对乡村产业发展的影响研究。这部分围绕数字经济如何影响乡村产业发展这一问题展开，重点分析两者之间的逻辑框架与一般机理，在此基础上，通过一般面板模型和空间计量模型就数字经济对乡村产业发展的影响进行分析，重点聚焦全国层面、区域层面的分析。

第五章，数字经济推动乡村产业发展的三大变革研究。这部分围绕数字经济如何推动乡村产业发展的质量变革、效率变革与动力变革进行，重点关注数字经济如何调整要素结构、如何提升产业运行效率、如何优化产业结构，赋能乡村产业发展。通过构建中介效应模型、调节效应模型等，基于全国层面、区域层面等进行分析。

第六章，数字经济推动乡村产业三大变革的国外经验。这部分分为三方面内容：一是国外数字乡村产业发展的典型案例比较，重点关注以数字与信息主导的美国实践、以数字网络为载体的英国实践、以互联网数据共享为依托的德国实践和以信息技术为支撑的日本实践。二是对不同的实践模式进行对比分析，并总结梳理数字乡村产业发展的主要成效与制约因素。三是在上述的基础上，总结梳理不同国家的主要经验，并分析国外模式带来的主要启示。

第七章，数字经济推动乡村产业三大变革的中国实践。这部分从三方面进行：一是国内数字乡村产业发展的典型模式比较，重点关注智慧农业模式、电子商务模式、数字金融模式和数据信息模式等，并就不同模式的侧重点、主要做法、发展机制等进行对比分析。二是分析国内典型模式的实践结果。不同的模式所产生的实践结果聚焦农业增效、农村繁荣和农民增收，但具体结果是有所区别的。三是在上述分析的基础上，总结国内主要模式的现实堵点及影响因素，重点关注政府顶层设计与乡村落实不匹配、乡村数字设施与农业产业融合不匹配、数字人力资源与农业发展不匹配、新质生产力与农业数字化不匹配等方面。

第八章，未来趋势与实现路径。这部分从两方面进行：一是未来趋势分析，重点围绕数字经济发展的未来趋势、数字赋能乡村产业发展的未来趋势及质量、效率、动力变革的未来趋势等方面。二是实现路径，重点围绕乡村数字基础设施、数字人才、数字技术等数字化建设问题及数字经济推动产业结构优化、赋能产业转型等方面。

三、研究思路与研究方法

（一）研究思路

本书按照"提出问题—机理探究—实证检验—路径研究"的思路开展。解决"必要性—是什么—为什么—怎么做"的问题，研究思路如图 1-1 所示。

根据研究目的、研究内容与研究思路设计研究方案，具体内容包括以下三个方面：

第一，从定性分析和理论模型两方面就数字经济推动乡村产业发展的机制进行分析。定性分析重点强调两者之间的传导机制，证明两者之间存在密切的关系，并从理论角度阐释质量变革、效率变革与动力变革之间的逻辑关系。

第二，根据实证模型，收集国内外相关的研究成果和政府部门的相关资料数据库，运用案例研究、构建计量经济模型等方式对数字经济推动乡村产业发展的质量变革、效率变革与动力变革进行实证研究。

第三，根据以上定性和定量分析评价结果，从不同角度提出具有可操作性的政策措施和建议。建议将围绕数字经济建设、乡村产业发展及其质量变革、效率变革与动力变革来进行。

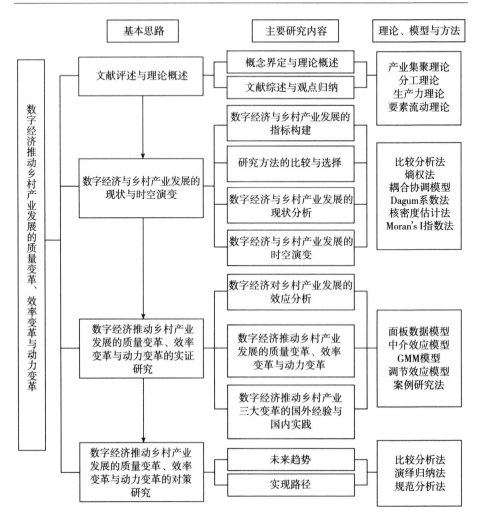

图 1-1　研究思路

资料来源：笔者整理。

（二）研究方法

本书涉及的研究方法主要有比较分析法、熵权法、重心分析法以及案例研究法。

（1）比较分析法。主要集中在四方面：一是不同地区数字经济水平与乡村产业发展水平的比较，将全国分为不同区域进行比较；二是不同地区数字经济对乡村产业发展的影响程度比较；三是不同地区数字经济推动乡村产业发展的质量变革、效率变革与动力变革比较；四是不同模式下的侧重点对比分析。

（2）熵权法。主要用于数字经济与乡村产业发展的测度，将多维转化为一维进行分析，研究数字经济与乡村产业发展的变化趋势。

（3）重心分析法。用于衡量数字经济、乡村产业发展的空间变化趋势，判断不同地区数字经济、乡村产业发展的空间移动方向与移动距离，初步判断两者是否具有空间一致性与空间重叠性。

（4）案例研究法。用于国内外数字经济推动乡村产业发展三大变革相关案例的比较分析，主要采用多案例法进行。案例选择国外案例与国内案例，国外案例涉及美国、英国、德国、日本等国家，国内案例涉及江苏、浙江、河南、湖北等省份。

四、创新之处

本书的创新点在于以下三个方面：

首先，从理论和实践角度，把理论述评、机制研究、实证研究、案例研究结合起来，从学理上阐释数字经济所引起的乡村产业发展的质量变革、效率变革、动力变革的现状，引入数字经济，丰富深化发展阶段的乡村产业，从数字经济视角研究乡村产业发展问题，对丰富和深化产业融合发展理论具有较大的学术价值。

其次，目前我国乡村产业发展仍相对滞后，面临产业融合水平不高、因产业基础过于薄弱而不知如何发展、多要素利益分配和联结机制缺失，以及数据链、平台化、智能化建设不足等问题，最终使得乡村产业发展难以实现价值增值。本书将对数字经济进行科学划分并分析其内在机理，将其作为理论研究的重要切入点，推导剖析数字经济推动乡村产业发展的质量变革、效率变革与动力变革，在学术观点上具有一定的创新性。

最后，运用多案例研究方法，遵循复制逻辑，通过单个案例间的相互关联，发现共存于多个案例之间的模式，并消除随机性的关联。书中将国内外案例进行结合，更准确地描述不同的区域及其相互关系，并从中确定准确的定义和构造抽象的适当层次，为理论构建提供更坚实的基础，在研究方法上具有一定的创新性。

第❷章
理论阐释与文献回顾

本章围绕相关理论进行阐述并对文献进行回顾与评述。

在理论方面，本章对乡村数字经济、乡村产业发展、三大变革的内涵进行界定，在此基础上围绕数字赋能理论与乡村政策进行阐述。

在文献回顾与评述方面，本章重点围绕以下四个方面来进行：

第一，数字经济的相关研究聚焦数字经济与乡村数字经济的测度，在此基础上对其影响因素、研究方法与数字经济效应等进行梳理与总结。

第二，乡村产业发展与振兴的相关研究，重点关注乡村产业发展的测度、影响因素、研究方法等。这部分聚焦乡村产业发展指标体系如何构建、运用哪些方法进行测度等方面进行梳理与评述。

第三，数字经济与乡村产业发展关系研究，重点聚焦两者之间的内在机制与实践路径。

第四，"质量、效率与动力"三大变革研究，分别梳理三大变革路径、方法等，并对三者之间的逻辑关系进行总结与评述。

一、概念界定与阐释

（一）数字经济与乡村数字经济内涵

1. 数字经济的内涵

数字经济的基础是信息化，其发展经历了三个阶段，第三阶段催生了真正的数字经济。第一阶段主要是指个人计算机（PC）的开始与广泛应用掀起的第一波信息化浪潮，始于20世纪80年代，称之为信息化1.0，这一阶段以单机应用为标志，由此开启了初级的数字化阶段；第二阶段从互联网的大规模商用开始，随着互联网的广泛应用，推动了信息化的第二波浪潮，发生在20世纪90年代中期，称之为信息化2.0，以网络化发展为标志；第三阶段从20世纪末21世纪初期开始，信息化拓展到互联网之外的一些方面，开启了信息化的第三波浪潮，称之为信息化3.0，以智能化发展为标志，意味着产业发展进入了真正的数字经济阶段。

随着信息技术的发展和成熟，经济和社会的日益数字化，数字经济正渗透到各个领域，改变经济发展方式，成为经济发展的新动力。在此过程中，数字经济的概念和演变也经历了三个阶段：探索阶段、拓展阶段和成型阶段。

（1）探索阶段。数字经济概念的提出本质上源于互联网的商用与发展。1996年"数字经济之父"唐·泰普斯科特（Don Tapscott）首次提出"数字经济"这一术语，但未对其进行定义，这是数字经济第一次公开出现，随之产生广泛影响。1998年前后，麻省理工学院出版论文集《了解数字经济（数据、工具与研究）》，界定数字经济主要用于互联网发展所带来的新商业模式，主要指电子商务和电子交易。

（2）拓展阶段。2009 年前后，随着一些国家政府的介入，特别是英国推出了《数字英国》，数字化首次出现在国家的顶层设计层面，同时很多专家对数字经济进行了多种解释，随着政府的政策开始助力数字经济，数字经济概念的内涵开始扩展到互联网之外的一些东西。

（3）成型阶段。2016 年至今，数字经济作为一种新的经济形态被广泛认知，在很多国家成为国家战略，数字经济也形成当前比较公认的定义。将数字经济定位为一系列经济活动，这一系列经济活动以数字化知识、信息等作为关键生产要素，以现代信息网络作为重要载体，以信息通信技术作为效率提升和经济结构优化的重要推动力①。2018 年数字经济在我国已经有了一个基本共识，明确提出发展数字经济，把数字经济的内容分为两个方面：一是产业数字化，二是数字产业化。2021 年 3 月的《政府工作报告》中也是从这两个方面来说明数字经济的。《中国数字经济发展白皮书（2023年）》对数字经济进行拓展，将数字经济界定为数字技术与实体经济深度融合形成的新型经济形态，这种经济形态将数字技术作为核心驱动力，通过数字化、网络化、智能化水平的提升，加速推进经济发展，促进治理模式形成。

学术界对数字经济的界定，主要从"新经济形态""新商业模式""新技术手段""新产业活动"等方面来进行（中国信通院，2017②；Bukht et al.，2018；裴长洪等，2018；向书坚等，2019）。部分国际组织和统计局从"交

---

① 二十国集团数字经济发展与合作倡议（全文）[EB/OL]. 121 健康网 [2016-10-24]. http：//www.121jk.cn/news/redianzhuanti/show50677.html.

② 中国通信研究院：G20 国家数字经济发展研究报告（2017 年）[EB/OL]. 搜狐网 [2017-12-20]. https：//www.sohu.com/a/211670438_468714.

易特征""新经济活动"等方面来对数字经济进行解释①。总的来看，数字经济的基本概念，首先是数字产业化，是指信息通信技术产业、数据服务行业等；其次是行业数字化或者产业数字化，是指传统行业数字化转型，涉及全要素的数字化改造、产业链数字化，以期促使传统产业向高端化、智能化、生态化转化。当这两方面实现时，数字化治理、数字社会、数字政府也在推进。

2. 乡村数字经济内涵

随着经济形式的不断变化，数字经济的内涵不断拓展。数字技术不仅仅在非农产业应用，在农业农村的应用也在逐步推广，乡村数字经济开始兴起。乡村数字经济是在数字经济的基础上发展起来，以乡村数字基础设施建设为基础，运用数字信息技术，如互联网、云计算、区块链、物联网等，促进农业农村经济发展的一系列经济活动。乡村数字经济具有数字经济的共同特征，均是以现代信息网络为载体，以新一代数字技术为驱动力，同时其还具有独特的内涵，是围绕乡村产业发展，将相关数字技术、人力、信息等作为新型生产要素运用到乡村产业中，以此提高数字化水平，催生乡村产业的新业态，是提升农业科技创新水平，实现农业农村经济高质量发展的一种新型经济形态。

乡村数字经济是一个多维复杂的经济系统，在这一系统中，数字基础设施的发展起到重要作用，推动农业数字化及农村数字产业化，带动产业结构优化，数字技术的应用更是改善乡村环境，促进乡村产业生态发展。农业数字化与农村数字产业化作为乡村数字经济的重要方面，对于推动乡村数字经济发展起到重要的推动作用。中国信息通信研究院发布的《中国数字经济发展与就业白皮书（2019 年）》中将农业数字化界定为利用先进数字技术产生数

① 吴翌琳，王天琪．OECD 数字经济产业分类相关进展［EB/OL］．中国信息报［2021-09-23］．http：//www.zgxxb.com.cn/pc/content/202109/23/content_8339.html；2018 年中国数字经济运行现状及面临的挑战分析［EB/OL］．华经情报网［2019-07-01］．https：//baijiahao.baidu.com/s？id=1636652437484474286.

字产品，用以提升现代农业发展的质量与效率，促进农业经济发展，将数字产业化界定为数字技术的创新与数字产品生产，重点关注电子信息处理、信息通信产业、互联网等数字技术的创新。将乡村数字产业划分为智慧农业、农村电商、农业科技创新与乡村新业态等，具体如图2-1所示。

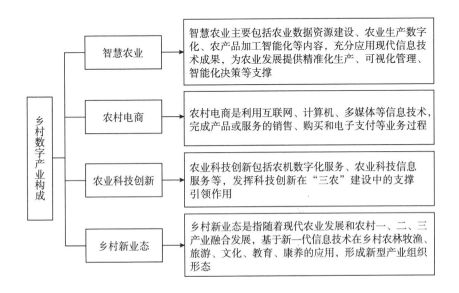

图 2-1　乡村数字产业的构成

资料来源：笔者整理。

（二）乡村产业发展的内涵

1. 乡村产业的界定

乡村是具有自然、社会、经济特征的地域综合体，是人类生产、生活等的主要空间。乡村经济是现代化经济体系中不可缺少的部分，作为国民经济基础的农业，其发展与国计民生息息相关，是关系到人民生活的根本问题。乡村的发展离不开乡村产业的发展，乡村产业发展是乡村一切发展的基础。

乡村产业是在农村这一区域范围内发展起来的各种相关经济活动及形成的不同经济关系，涉及农业、工业、服务业等。它以农业为基础，以农民的劳动力和资源为支撑，以满足农村居民的生活需求和提高农民收入为目标。从乡村产业发展的内涵特征来看，其需要依托农业农村资源，以农民为主体，根植于县域，具有明显的地域特色，目的是提升农业发展水平、繁荣农村经济、提高农民收入。从产业特征来看，其发展需要延长农业产业链、提升价值链、健全供应链，挖掘多功能性，开发乡村价值，带动就业结构优化，促进农民增收，能够优化传统种养业、手工业等。从外延特征来看，它涉及多种与农业相关的产业，如种养业、农产品加工流通业、休闲旅游业、乡土特色产业、乡村服务业等，这些产业能够扩宽农业门类，提升农业价值，拓展农业功能，丰富农业业态。因此，乡村产业可以分为三类：一是农业产业，包括农作物种植、养殖业、渔业、林业等；二是农村工业，包括农产品加工业、农机制造业、农副产品加工业等；三是农村服务业，包括农村旅游业、农民合作社、农村电商等。

2. 乡村产业发展的内涵

乡村产业发展涵盖与乡村相关联的所有产业的发展，不仅指农业的发展，也包括与农业相关的工业、服务业等产业的发展。乡村产业发展需要挖掘乡村产业的多功能性，强化创新引导，以此实现农村增值、农业增产、农民增收。2024年中央一号文件再次强调了乡村产业发展的重要性。从中国的国情农情出发，其具有多重特征，阶段性、多元性、功能性、融合性是其中最为明显的特征。

（1）阶段性。乡村产业发展的阶段划分与经济社会发展息息相关，是农业功能多元化、价值多样化衍生的结果。根据我国产业发展实践，产业发展历程为传统农林牧渔业发展—乡镇企业发展—观光休闲农业—智慧农业、数字农业等新型产业，在不同阶段，其阶段性特征有所不同。根据我国乡村产业发展的现实情况，具体将其分为四个阶段。具体划分与阶段特征如表2-1所示。在第一阶段，重点围绕如何"吃饱"问题，乡村产业主要以农业为主，处于传统农业阶段；在第二阶段，重点围绕"吃饱吃好"问题，乡村传统农业逐渐开始向现代农业转化，现代农业开始萌芽；在第三阶段，新产业、新业态、新模式不断兴起，乡村产业发展进入现代农业兴起阶段，与农业关联的其他产业也在蓬勃发展；在第四阶段，已进入现代农业深化阶段，乡村产业融合发展。

表 2-1 乡村产业发展的阶段划分与阶段性特征

阶段划分	主要特征
第一阶段（1949~1978年）：农业1.0版	全党重抓粮食生产问题，但未解决粮食安全问题，并未解决温饱问题，处于传统农业阶段
第二阶段（1979~2003年）：现代农业2.0版	解决粮食安全问题，实现"吃饱吃好"，乡镇企业不断发展，进入现代农业的萌芽阶段
第三阶段（2004~2017年）：现代农业3.0版	传统产业不断发展，新产业、新业态不断形成，进入现代农业的兴起阶段
第四阶段（2018年至今）：现代农业发展的4.0版	现代农业得以全方位展示，智慧农业、数字农业等新产业逐渐显现，进入现代农业的深化阶段

资料来源：笔者整理。

（2）多元性。我国乡村产业发展的多元性特征主要体现在乡村产业发展的区域、产业形态、业态、模式等方面。由于地形地貌复杂，气候、资源等的差异性，导致产业发展存在多样性特征。同时，不同的资源禀赋、产业发展的差异性又形成差异化的发展模式，乡村产业发展的多样性、多元性逐渐形成。

（3）功能性。在不同的产业发展阶段，产业的功能也有所不同，在早期阶段，产业发展以农业为主，聚焦要素积累，伴随工业化、城镇化的发展，农业为工业提供要素积累，为工业发展提供原材料，之后随着产业的深化发展，功能也由生产功能向非生产功能转化，形成乡村旅游、健康养老等功能性产业。

（4）融合性。乡村产业发展需着眼于城乡要素流动与融合，加强城乡产业分工协作，实现城乡融合发展。因此，产业发展与乡村建设治理共融共生，为乡村建设提供前提与保障。

（三）"三大变革"的内涵

1. 质量变革的内涵

质量变革涉及微观、中观、宏观三个层面的变革，其中微观层面主要是针对企业而言，包含企业产品、服务、经营质量等多方面，是质量变革的关键。随着社会主要矛盾的转变，人们对产品与服务质量的要求越来越高，只有通过提高产品质量满足更多消费者需求，生产者才能获得更多利润，高质量的产品是企业发展的保障。企业提供的产品质量高于标准，有可能获得多于平均利润的经济利润。中观层面主要针对产业而言，聚焦产业的发展质量，地区的产业发展需要依靠各区域的主导产业、优势产业及与此相关的辅助产业，提高产业竞争力，完善产业经营发展体系，培育新兴产业及高端技术产业，提升供给质量，增强产业创新能力，实现产业结构转型升级。宏观层面涉及整个国民经济的良性循环发展，通过技术、创新等发挥作用，缩小区域之间、城乡之间的差异，促进经济协调发展。

2. 效率变革的内涵

效率变革是指通过提高全要素生产率、资源配置效率等，实现资源效益的最大化。针对微观企业层面，深化企业改革，提升规模效率、技术效率及企业竞争力，通过技术进步提高企业经济效益，完善市场机制对资源配置的决定性作用，提高要素市场配置效率，降低交易成本。宏观层面，通过优化政府的执政能力，提高市场效率，协调经济、社会、生态发展之间的关系，提高资源利用效率。

3. 动力变革的内涵

动力变革主要涉及转变驱动经济发展方式、提高供给质量和优化要素投入三个层面，其中经济发展方式由投资、出口拉动向创新驱动转变，鼓励企业进行自主创新和技术引进，提高产业附加值，增加效益。随着我国经济发展步入新常态，传统动力推动产业发展遇到瓶颈，经济增长的动力需向创新转变，通过优化要素结构，促进产业发展进入高质量发展阶段，主要表现在推动以加工为主的企业向核心技术竞争力转变，大力发展与数字技术相关的新兴产业，支持第三产业发展，提升服务质量，发展绿色、生态农业等。

二、数字赋能产业发展理论与政策

产业结构演变理论、产业集聚理论、要素流动理论均是较为成熟的理论，在这里不再赘述。本书主要从数字赋能理论、数字赋能产业发展的逻辑机理及相关政策三个方面进行论述。

（一）数字赋能理论

赋能理论又被称为赋权理论，最初被美国学者所罗门（Solomon）提及，主要表现为数字技术赋能产业，即应用大数据、人工智能等数字技术减少企业成本，促使产业向网络化、协同化、生态化方向发展。

数字赋能理论是指通过使用数字技术来提升组织、企业或社会的效率和竞争力的理论。随着数字技术的发展，组织、企业和社会可以通过使用数字技术来提升自身的效率和竞争力。核心思想是，数字技术可以为组织、企业和社会提供新的商业模式、运营模式和管理模式，使其能够更加高效地运作。数字赋能理论认为，数字技术可以帮助组织、企业和社会更好地处理信息、协调资源、建立网络合作关系等方面的问题。数字赋能理论的应用领域广泛，包括制造业、服务业、政府部门、医疗卫生等。通过使用数字技术，这些领域可以实现更高的效率、更优的客户体验、更快的创新能力等。

（二）数字赋能产业发展的逻辑机理

数字经济已成为经济发展的新动力，在乡村产业发展中发挥巨大的作用，在这一过程中，数字如何赋能乡村产业发展，其内在的逻辑机理是怎样的？本部分将从理论视角阐述数字如何赋能乡村特色产业发展、乡村服务业发展，如何促进乡村治理。

1. 数字赋能乡村特色产业发展

乡村特色产业涉及农业特色产业、乡村传统特色产业等。乡村特色产业具有市场竞争力小、利润高等特征，市场需求相对较大。随着国家政策对于特色产业的支持力度不断加大，数字技术在特色产业经营中的广泛应用，特色产业转向智慧农业、智慧物流等新型数字化产业。

截至 2023 年，农村互联网普及率已达 66.5%，乡镇级以上区域和有条件的行政村基本都覆盖 5G 网络，农产品电商网络零售额突破 5800 亿元，① 乡村数字信息基础设施已逐步完善。随着乡村数字信息技术基础设施的不断完

---

① 五部门：到 2023 年底，5G 网络基本实现乡镇级以上区域和有条件的行政村覆盖 ［EB/OL］. 中国发展改革 ［2023 - 04 - 13］. https：//baijiahao. baidu. com/s？id = 1763052820863074940&wfr = spider&for=pc.

善，乡村特色产品APP等不断出现，消费者可通过滑动手机屏幕充分了解产品详情，形成网上订购与产地直销的销售模式，实现了农村与市场的直接对接，减少了中间环节。

2. 数字赋能乡村服务产业发展

随着农村产业规模的不断扩大，数字技术进一步向乡村产业加深融合，农业的生产、流通、销售等各环节均实现了创新，进一步推动农业服务业的发展。一方面，农户与银行之间可以通过线上数据平台交易，使得农户更为便捷，实现信贷供需精准对接。另一方面，作为乡村产业发展的重要载体的乡村旅游业，通过数字平台向消费者传播大量的旅游消费信息，同时根据消费者个人喜好推荐旅游过程中的相关消费，如住宿等，消费者可通过这些信息数据的收集，充分了解旅游目的地的部分信息。移动支付等新型支付方式，更是为旅游消费提供便利，提升了乡村旅游业的运行效率与服务质量。

3. 数字赋能乡村治理发展

乡村数字化治理主要是利用现代数字技术及相关的信息技术，对乡村地区的管理进行数字化改造，以提升乡村的整体治理水平，提高乡村居民的生活质量。目前数字化、网络化、智能化已在乡村治理过程中得以广泛应用，一定程度影响农民群众的生产生活方式，为现代乡村治理提供新路径。党的十八大以来，农村信息化建设取得长足进展，信息服务体系加快完善，着力发挥信息化在乡村治理体系和治理能力中的基础支撑作用，挖掘数字化治理在乡村治理过程中的巨大潜力，建立高度的现代数字化治理体系，以数字化提升乡村治理水平。乡村治理数字化主要涉及村民服务的数字化、村庄管理的数字化及安全治理的数字化。其中，村民服务的数字化主要是通过数字技术在村民服务过程中的普及，实现公共服务资源的数字化，推动"互联网+

政务服务"向农村的延伸，让数据多跑路，农民少跑腿，方便群众就近办事。村庄管理的数字化主要是通过网格化与数字化，对村级重要事项进行监督，构建乡村数字治理平台，扩大村民参与村级事务的渠道和载体，提高村民的便捷性和积极性，提升村庄管理效能。安全治理的数字化主要通过建立综合信息系统等服务平台，推动数据信息乡村联动，建立农村智能化管理体系，实现智能化防控全覆盖。

随着数字乡村建设的深入推进，数字技术与乡村发展迅速融合，乡村环境治理获得国家政策支持，并将数字技术应用到乡村治理中。一方面，通过数字技术，如传感设备、感知技术等，对乡村生态环境污染信息进行收集，并采用互联网技术将其进行数字化处理分析，实现远程操控、实时监测、整顿治理。另一方面，利用数字环境质量监管系统所得的相关数据，找准污染源位置，科学有效评估污染原因，有效提高乡村环境治理能力。

（三）相关政策

1. 数字经济发展相关政策

随着数字经济的深入发展，各个国家和地区为推动数字经济发展，制定了不同的战略。例如，美国依托领先技术创新，秉承发展先行理念，制定了《美国全球数字经济大战略》；欧盟重视监管，通过强化数据权属和探索数据治理规则，打造统一的数字化生态；英国数字政府引领数字化发展，完善数字经济的整体布局；德国依托制造业优势，强化突破性创新和工业竞争力，打造全球制造业数字化转型标杆；俄罗斯以战略法规助力数字创新和应用；日本以数字化社会愿景驱动数字经济科技创新和产业发展；中国以"人工智能+"行动，打造数字产业集群（见表2-2），这些措施的实施在一定程度上推动了数字经济的发展。

表 2-2 近 10 年世界主要国家和地区推动数字经济发展的相关政策

国家和地区	文件名称	特征
美国	《美国数字经济议程》《美国全球数字经济大战略》《联邦大数据研发战略计划》《联邦数据战略和 2020 年行动计划》	依托持续领先的技术创新,秉承"发展先行"的理念
欧盟	《欧盟数据战略》《欧盟人工智能战略》《数据治理法案》《通用数据保护条例》《2030 数字指南针:欧洲数字十年之路》	高度重视监管,通过强化数据权属和探索数据治理规则,打造统一的数字化生态
英国	《数字宪章》《产业战略:人工智能领域行动》	以数字政府引领数字化发展,完善数字经济的整体布局,打造"世界数字之都"
德国	《联邦政府人工智能战略要点》《人工智能德国制造》《高技术战略 2025》	依托制造业优势,强化突破性创新和工业竞争力,打造全球制造业数字化转型标杆
俄罗斯	《俄罗斯联邦数字经济规划》	以战略法规助力数字创新和应用
日本	《科学技术创新综合战略 2020》《日本超智能社会 5.0 战略》	以数字化社会愿景驱动数字经济科技创新和产业发展
中国	《数字经济发展战略纲要》《加快数字人才培育支撑数字经济发展行动方案(2024—2026 年)》	深入推进数字经济创新发展,开展"人工智能+"行动,打造具有国际竞争力的数字产业集群

资料来源:笔者整理。

我国也制定了一系列数字经济相关的规划,如《"十四五"数字经济发展规划》等,有关乡村数字产业发展亦是如此(见表 2-3)。由此可见,我国在积极推动乡村数字发展,从"互联网+"到数字农业,再到数字乡村,步步推进乡村数字经济发展。

表 2-3 近 10 年全国数字乡村发展的相关政策

文件名称	颁布时间	主要措施
《国务院关于积极推进"互联网+"行动的指导意见》	2015 年	积极发展"互联网+"现代农业、农村电子商务
《乡村振兴战略规划(2018—2022 年)》	2018 年	大力发展数字农业,实施数字振兴乡村战略
《数字乡村发展战略纲要》	2019 年	将数字乡村建设作为推进乡村振兴、数字强国战略的重要举措

续表

文件名称	颁布时间	主要措施
《数字农业农村发展规划（2019—2025年）》	2019年	指明新时期数字农业农村建设的发展目标、重点任务
《2020年数字乡村发展工作要点》	2020年	明确2020年数字乡村发展工作目标、重点任务，致力于推进国家数字乡村工作
《2024年数字乡村发展工作要点》	2024年	以信息化驱动引领农业农村现代化，促进农业高质高效、乡村宜居宜业、农民富裕富足，为加快建设网络强国、农业强国提供坚实支撑
《数字乡村建设指南2.0》	2024年	从建设内容、建设方法和保障机制等方面构建了数字乡村建设框架

资料来源：笔者整理。

2. 乡村产业发展相关政策

乡村产业发展离不开政策支持，我国已出台一系列的相关政策，这些政策文件围绕乡村振兴、乡村产业振兴、乡村产业发展等进行，本书列举了2018~2024年的部分相关文件（见表2-4）。乡村产业发展需构建现代产业发展体系，推进乡村治理，加快农业农村现代化，并发挥产业的多功能性、多元价值，优化产业空间结构，突出人才作用，优化发展环境，形成发展新动能。

表2-4　乡村产业发展的相关政策

文件名称	颁布时间	主要措施
《中共中央　国务院关于实施乡村振兴战略的意见》	2018年	乡村振兴，产业兴旺是重点，加快构建现代农业产业体系
《乡村振兴战略规划（2018—2022年）》	2018年	对乡村振兴进行阶段性谋划，推进乡村治理体系和治理能力现代化，加快农业农村现代化
《国务院关于促进乡村产业振兴的指导意见》	2019年	聚焦重点产业，培育壮大乡村产业，优化乡村产业空间结构，增强乡村产业持续增长力，增强乡村产业发展新动能，优化乡村产业发展环境，确保乡村产业振兴落地见效
《全国乡村产业发展规划（2020—2025年）》	2020年	发掘乡村功能价值，强化创新引领，突出集群成链，培育发展新动能，加快发展乡村产业

续表

文件名称	颁布时间	主要措施
《2021 年乡村产业工作要点》	2021 年	依托乡村特色优势资源，打造农业全产业链，构建现代乡村产业体系，把产业链主体留在县城，让农民更多分享产业增值收益
《中共中央　国务院关于全面推进乡村振兴加快农业农村现代化的意见》	2021 年	全面推进乡村产业、人才、文化、生态、组织振兴，充分发挥农业产品供给、生态屏障、文化传承等功能
《中共中央　国务院关于实现巩固拓展脱贫攻坚成果同乡村振兴有效衔接的意见》	2021 年	聚焦全面推进乡村振兴，加快农业农村现代化，实现巩固拓展脱贫攻坚成果同乡村振兴有效衔接
《中共中央　国务院关于做好 2022 年全面推进乡村振兴重点工作的意见》	2022 年	各地党政部门做好"三农"工作，守牢"三农"基础，为国家开新局、应变局、稳大局提供支撑和保障，提出实施县域商业建设行动，促进农村消费扩容提质升级
《中共中央　国务院关于做好 2023 年全面推进乡村振兴重点工作的意见》	2023 年	特别强调"强国必先强农，农强方能国强"的方针，围绕粮食安全、农产品生产、农业基础设施建设、农业科技、农民增收、宜居宜业乡村建设、乡村治理体系建设等方面提出要求和具体安排
《中共中央　国务院关于学习运用"千村示范、万村整治"工程经验有力有效推进乡村全面振兴的意见》	2024 年	以学习运用"千万工程"经验为引领，以提升乡村产业发展水平、提升乡村建设水平、提升乡村治理水平为重点，强化科技和改革双轮驱动，强化农民增收，打好乡村全面振兴漂亮仗

资料来源：笔者整理。

三、文献回顾与评述

（一）数字经济的测度与效应

1. 数字经济的测度与衡量

数字经济作为一种新型经济形态，难以采用单一指标衡量，需要构建多维指标体系，多数研究从产业数字化和数字产业化视角来进行。王军等（2021）、孟维福等（2023）在产业数字化、数字产业化基础上，增加了数字经济发展载体、数字环境、数字技术发展水平等指标。张蕴萍、栾菁（2022）从数据要素、数字产品与服务、数字化思维等视角进行研究。田野等（2022）从数字基础设施水平、数字应用发展能力等视角进行研究。覃朝晖等（2023）从互联网普及率、相关从业人员数、相关产出情况及数字普惠金融等视角进行研究。刘军等（2020）从信息化、互联网、数字交易三方面进行测度。

针对乡村数字经济，部分学者单独构建乡村数字经济指标体系来衡量数字经济的乡村发展，该指标体系的构建与数字经济指标体系的构建有其相似性，但也存在差别。例如：慕娟、马立平（2021）从数字经济基础设施、农业数字化和农村数字产业化等层面构建 11 个指标进行测算；张良等（2023）以村庄为研究对象，聚焦农村互联网普及程度、农村经济商务数字化及农村数字金融普惠程度构建指标体系；田野等（2023）从数据化农业信息、农业数字基础设施、农业数字技术等层面分析数字经济；庞国光等（2022）从数字化经济环境、基础设施、农业数字化转型、生活数字化提升等四维角度运用 22 个指标进行衡量。除此之外，部分学者基于单一视角对乡村数字经济进行测度，如采用数字乡村的就绪度（张鸿等，2021）、农村电子商务（Cristobal-Fransi et al.，2020）、农村信息化水平（李晓钟、张洁，2017）、乡村数字普惠金融发展指数（蒋庆正等，2019；Qin et al.，2023；Shao et al.，2023）等替代乡村数字经济发展。

有关数字经济的测算方法主要有熵值法（田野等，2022）、主成分分析法（张永奇、单德朋，2025；齐平等，2024）、面板熵权法（郑媛媛等，2025）等。每种方法都有其优劣势，熵值法、面板熵权法是可以避免主观赋权导致的差异性的客观赋权法，主成分分析法能够减少变量数量，采用较少变量去解释大部分变量，排除各主成分之间的相关性。

2. 数字经济的效应分析

在影响效果方面，学者聚焦数字的经济效应（何爱平、李清华，2022）、数字技术与经济活动之间的关系。王娟（2019）研究认为核心生产要素数字，遵循要素报酬递增规律，数字经济将驱动产业结构升级，增长路径也从要素投入比例向资源配置方式再向全要素生产率变化。朱喜安、马樱格（2022）的研究认为数字经济显著促进绿色全要素生产率，数字经济的空间溢出效应更是影响地区创新效率和要素配置。刘国亮、卢超（2022）的研究认为数字经济下的新要素动能使得就业结构变动整体呈现出两极化趋势。徐伟呈等（2022）以信息通信技术为数字技术的替代变量，其扩散效应和替代效应驱动产业结构优化。在推动乡村振兴方面，数字经济表现出明显的空间溢出效应（何雷华等，2022；Luan et al.，2023）。

有关数字要素与经济活动之间的关系，主要涉及数字技术与经济增长、质量发展（丁志帆，2020；Zhao et al.，2023；Ma et al.，2024；Le Thanh Ha，2023）、产业结构升级（方湖柳等，2022；Chang et al.，2023）、全要素生产率之间的关系（谢谦、郭杨，2022），但研究结论有所差异。如谢谦、郭杨（2022）的研究认为数字技术对企业全要素生产率具有推动作用，并且不同技术融合对生产率具有乘数效应。数字技术影响全要素生产率的路径有所不同，如资源运行效率（杨慧梅、江璐，2021）、技术效率（谢丽娟、谢智文，2020）、技术创新、技术进步（邱子迅、周亚虹，2021）。从行业层面，李飞星等（2022）的研究认为数字技术有利于农业产业链"增值效应"的发挥，对于服务业转型升级、资源供需协调、生产率提升等具有"赋能效应"（李帅娜，2021）。

3. 相关评述

数字经济的重要元素包括数据、网络和信息技术应用等。数据奠定了数字经济发展的基础，解决的是数据资源的积累问题，网络化平台让数据资源能够在网络上流通、交换、共享、汇聚，通过信息技术的应用，把数据的价值挖掘出来，能够支撑我们社会经济、工作业务的发展，随着大数据出现，数据成为了企业发展的核心资产，数据型企业成为信息技术应用产业的主导者，引导传统产业转型升级，数据技术和产业成为主要驱动力。系统梳理文献可知，数字经济的相关研究聚焦数字基础设施、数字产业化、产业数字化等方面，包括数字普惠金融、数字化交易、数字化产品与服务等。对比这些指标，可以看出数字经济指标的构建集中在数字基础设施、数字化转型、数字普惠金融等方面。

乡村数字经济相关研究聚焦于农业数字化转型（殷浩栋等，2021；张鸿等，2021；Drobež et al.，2021；Aruleba and Jere，2022）、农村电商发展（秦芳等，2022；彭小珈、周发明，2018；Cristobal-Fransi et al.，2020）、农村数字普惠金融（张龙耀、邢朝辉，2021；黎翠梅等，2021；Wang，2023；Ren et al.，2023）、农村信息化建设（朱秋博等，2019；熊春林等，2021）、农民数字化素养（苏岚岚等，2022；常凌翀，2021）等方面。总之，乡村数字经济涉及乡村数字基础设施建设、农业数字化、农村数字化产业等方面。

（二）乡村产业发展的测度与影响因素

1. 乡村产业发展的测度与衡量

有关乡村产业发展的测度从乡村产业结构升级、乡村产业高质量发展、农民增收等不同视角构建多维指标体系。如覃朝晖等（2023）采用熵权法从产业效率、产业结构、绿色发展、公平共享等角度构建指标体系；张嘉实（2023）除考虑产业结构、绿色发展、产业效率外，引入现代产业发展，构建四维12个指标衡量。田野等（2022）从农业增产、农业增值和农业增收三个层面构建农业指标体系，选取粮食作物、经济作物的单位面积产量分析农业增产情况，农业增值情况则通过农业人均增加值和第一产业人均总值来反映，农业增收情况通过农村居民家庭人均可支配收入、农户储蓄来体现。唐莹、孙玉晶（2024）从产业效益、产业融合、产业创新、产业可持续发展等角度构建乡村产业高质量发展体系。梁健（2024）从乡村产业生产能力、乡村产业产出效率、乡村产业链条延伸等三维角度进行研究。

2. 乡村产业发展的影响因素分析

乡村产业发展的影响因素包括多个方面，如城市化水平、农业技术水平、产业结构、移动通信水平、政府财政支出、惠农政策、文化设施、交通通达度等（田野等，2022；覃朝晖等，2023）。张嘉实（2023）则认为，乡村产业多元化发展离不开城乡间的生产要素的双向流动和城乡间的基础公共设施的一体化发展，包括生产要素的实际流动情况、城乡基础设施一体化建设水平、基本公共服务均等化发展水平、乡村产业发展现实情况等。除此之外，乡村产业发展还受到城乡融合（田野等，2022）、数字经济、农民创业（李晓红、王晓宇，2023）、私域流量（李晓红、代竹，2023）等的影响。

3. 相关评述

系统梳理有关乡村产业发展的文献可知，乡村产业发展聚焦产业结构优化、产业要素结构、产业发展规模等不同方面。研究方法聚焦熵权法、主成分分析等。乡村产业发展对于解决农业、农村、农民问题具有推动作用，有助于促进农民增收、农业增效，为实现中国式现代化农业铺平道路，是实现中国式现代化的重要支撑。

在乡村产业发展过程中，乡村产业面临脆弱性、低效性特点，农业稳定性、抗风险性较差，同时区域性和季节性又强，呈现碎片化断裂状况。农业机械化等新型生产力虽在一定程度上能够提高生产效率，但乡村产业在数字化应用、资源配置等方面存在力不从心的情况，这就导致乡村产业发展在动力变革、效率变革和质量变革过程中存在弱势。

新发展阶段，乡村产业发展需要达到多种目标：一是推动传统农业向现代农业转变。通过改造传统农业，转变小农户农业生产方式，实现规模化、市场化、产业化，提高农业生产能力的同时，实现农业现代化生产、现代化管理。二是实现新型要素与农业农村产业的深度融合。农业农村产业的数字化转型相对滞后，现代新型数字技术在农业中的应用范围相对较小，通过对农业生产链条的优化，提升农业全要素生产率，构建新型农业生产体系，提高农业智能化、网络化水平，激发乡村发展的内生动力。

（三）数字经济与乡村产业发展的关系

近年来，学术界就数字经济与乡村产业发展的关系展开了多维角度研究，相关研究重点围绕两者之间的内在机制及数字经济推动乡村产业发展的实现路径来进行。

1. 内在机制

有关数字经济与乡村产业发展之间的内在机制研究，重点聚焦两个方面：一方面，数字经济如何影响乡村产业发展，受到哪些因素的制约？刘佳、毕鑫（2023）从数字经济与乡村振兴、数字经济与农业现代化的逻辑关系等方面来分析数字经济与乡村产业之间的关系。完世伟、汤凯（2022）从乡村产业数字化转型能力、要素协同、数字基础设施建设、数据共享机制、数字经济与乡村产业衔接等方面分析数字经济在推动乡村产业发展过程中受到哪些现实条件的制约，如何克服这些现实问题。王定祥、冉希美（2022）的研究认为数字经济促进乡村产业融合发展离不开农业产业链条的延伸、农业多重功能的拓展、农业新兴业态的培育及融合主体的发展。

另一方面，数字经济对乡村产业发展的传导机制是怎样的？田野等（2022）针对2010~2020年中国30个省份的农业农村发展数据，研究认为城乡融合发展在这一过程中发挥中介效应。赵德起、丁义文（2021）认为数字经济能依靠网络平台、普惠金融等方式使得农民增收。田野等（2023）以湖北秭归县三个典型乡镇为例，运用案例研究法分析数字经济赋能乡村产业振兴的作用机理，研究认为数字经济以数据化农业信息为关键要素，以农业数字技术为核心驱动力量，以农业数字基础设施为硬件支撑和载体，赋予乡村资源要素优化配置、城乡市场有效对接、产业融合发展以强大动能，促进了农业增产、农村增值和农民增收，最终助推乡村产业振兴。张晓岚（2023）对数字经济推动乡村振兴的核心问题研究认为数字经济能通过农村产业结构转型升级、农业农村发展成本降低、农业农村发展资金来源拓宽等方式促进乡村产业振兴。

总之，数字经济推动乡村产业发展的内在机制聚焦以下五个方面：一是通过扩大农业生产可能性范围，增加农产品的供给；二是通过减少消费者和生产者之间的信息不对称问题，提高农产品的质量安全；三是通过减少生产、交易等成本，降低农产品价格；四是稳定农产品销售渠道，改善乡村产业发展环境（Wang et al.，2023）；五是以农业为基础形成新产业、新业态、新模式，促进乡村产业绿色发展（郭朝先、苗雨菲，2023）。

2. 研究方法

对于数字经济与乡村产业发展两者之间关系的研究方法主要有以下两种：一是以定性分析为主的理论方法（阮俊虎等，2020；郭朝先、苗雨菲，2023；完世伟、汤凯，2022）、多案例分析法（曲甜、黄蔓雯，2022）、单案例研究法（吴彬等，2022）等方法。这些方法主要依靠个人主要能力进行分析判断，存在一定的主观性。二是以实证分析为主的多期 DID 法（熊春林等，2021）、双固定效应模型（刘帅，2021）、中介效应模型（马亚明、周璐，2022）等方法。其中多期 DID 法在一定程度上能够解决随时间、地区变化而发生遗漏变量的问题，双固定效应模型在一定程度上考虑了不同政策实施点的问题，中介效应模型则考虑了两者之间的中介因素，分析了两者之间可能存在的传导机制。

3. 实现路径

数字经济推动乡村产业发展通过哪些路径实现？不同学者提出了不同方式。周新德、周杨（2021）认为，数字经济能够使得产业成本节约、产业效率提升、农产品质量变革、产业结构升级和一、二、三产业融合，进而促进乡村产业发展。完世伟、汤凯（2022）的研究认为，通过促进乡村产业数字化、突出要素有效协同、加强数字基础设施建设、建立健全数据分享机制、强化数字经济等方式促进乡村产业振兴。杨梦洁（2021）认为，数字经济能够发挥数字重生赋能效应、数字融生平台效应、数字增生长尾效应、数字新生蝶变效应，为乡村产业深度融合发展注入新动力。吴晓曦（2021）则认为，通过智能化、数字化、科技化等数字技术促进乡村产业多业态融合、产业结构优化，进而实现乡村产业发展。但这些实现路径受乡村产业要素协同性差、数字化转型滞后、数字基础设施不完善、共享机制不健全、产业衔接不充分、数字技术供给不足、人才资源短缺、发展环境有待改善等问题的制约（完世伟、汤凯，2022；周新德、周杨，2021）。

总之，数字经济推动乡村产业发展主要依靠两种路径实现：一是"农业+"，这种方式是以农业为乡村产业发展的出发点，运用数字经济对农业产业发展前、发展中、发展后分别进行赋能，使得农业生产发生质的变化，推动农业质量与效益提高；二是"数字+"，这种方式不再以乡村主要产业为出发点，而是以数字经济为乡村产业发展的出发点，利用数字经济发展乡村产业，将数字经济应用于乡村产业，从纵向角度推动农业全产业链的延伸，从横向角度拓展乡村产业的功能，推动农业与相关的文化、旅游、教育、环保、康养等产业深度融合，形成乡村新产业、新业态、新模式，实现乡村产业转型发展，进而促进乡村经济实现高质量发展。

4. 相关评述

学界关于数字经济与乡村产业发展的相关研究，普遍认为数字经济在一定程度上能够助力乡村产业发展。一是数字经济所具有的渗透性、融合性等特征，使得其具有溢出效应，能够在不同产业得以应用，实现传统产业与其他产业的交互融合发展。具体表现在数字技术的应用使农业市场信息得以更快传递、农业技术得以更快推广，对经营风险的降低起到重要的作用，进而促进产业之间的融合发展；同时数字技术与数字资源的进一步整合，产生了多种新产业、新业态及新模式，这些产业、业态、模式带动了各个部门之间的联系，延伸了不同部门之间的产业链，特别是传统产业部门，使得乡村产业结构进一步优化。二是数字经济能够提升各部门的生产效率，降低边际成本，提升乡村产业发展的效益，进而促进乡村产业竞争力的提升。具体表现为大数据所具有的高速传播特征有利于降低生产成本，促进生产效率的提升，进而使得农业经营模式得以创新，同时数字化也能改善经营结构，能够弥补发展中的技术短板，加速数字化转型，实现乡村资源优势与乡村特色产业的深度融合。更为重要的是，数字经济加速了农业农村现代化的实现，通过数字化促进农业由"规模化—标准化—单一化"向"精细化—定制化—价值化"转化，加速农业农村现代化进程。加之政府政策导向，"宽带中国"等战略的实施，以互联网、大数据为核心的数字经济引发了农业农村发展领域的重大变革。

（四）质量变革、效率变革与动力变革研究

质量变革、效率变革与动力变革在高质量发展中均扮演着重要的角色，其中质量变革是产业发展变革的主体，能够提升供给质量，促进经济迈向中高端水平，推动中国速度向中国质量、中国产品向中国品牌升级；效率变革是重点，是保障经济可持续发展的重要驱动力；动力变革是关键，是实现质量变革、效率变革的前提条件。[①]

1. 质量变革研究

质量变革是变革的主体，通过质量变革推动乡村产业发展，不仅需要考虑量的提高，还要考虑质的变化，如何将增长速度转向发展质量，树立质量变革的意识，需要全面抓质量，助力乡村产业发展实现量的增长和质的提升并存。马改艳等（2023）的研究认为数字经济能引起效率提升效应、效益改善效应、结构优化效应和产业创新效应，进而赋能乡村产业发展。周新德、周扬（2021）的研究认为数字经济将通过产业成本节约、产业效率提升、农产品质量变革、产业结构升级、与乡村产业融合促进乡村产业发展。

对于如何协调经济增长与质量变革之间的关系，部分学者认为经济增长与发展质量之间存在不确定性关系，甚至经济增长目标的实现是以质量下降为代价。徐现祥等（2018）运用2000~2012年不同省份的相关数据，得出经济增长目标的提高与发展质量下降并存，意味着政府政策工具的实施不再仅仅是为了追求经济增长而是将其转化为高质量发展、可持续发展等。余泳泽等（2019）的研究认为，在不同的经济发展时期，经济增长与发展质量均存在很大不同，当经济处于高速增长阶段（2003~2007年），表现为增长速度快，

---

① 全力推进经济发展三大变革［EB/OL］. 中华人民共和国中央人民政府官网［2018-03-17］. https：//www.gov.cn/xinwen/2018-03/17/content_5274871.htm.

对发展质量重视不足；当经济处于调整阶段（2008～2011 年），表现为稳定经济增长，需要牺牲发展质量；当经济处于追求质量阶段（2012～2016 年），表现为经济增长速度的放缓，发展质量的提高。发展质量与 GDP 增速之间也可能存在倒"U"形关系，在经济发展水平较低的阶段或区域，通过发展质量治理所引起的经济增长效应更为明显，在经济发展水平较高的阶段或地区，通过发展质量所引起的质量发展效应更为突出（唐杰等，2019）。

影响质量变革的因素有哪些？要素市场的发育程度是影响质量变革的重要因素，政府调控、市场化进程均会影响到质量的发展，这些因素主要表现为正向作用，但对不同地区的影响不同，主要表现为东部地区显著，中西部地区相对较弱（李瑶等，2022）。除此之外，创新驱动力的培育、投资结构的优化等均是影响质量发展的因素（张中华、刘泽圻，2022）。随着经济的发展，雾霾污染也成为降低经济发展质量的重要因素，其治理涉及城市化水平、人力资本、政府环境治理、环境规制、环保约谈制度等，这些通过技术创新、治理结构优化等方式促进质量发展（陈诗一、陈登科，2018；胡本田、肖雪莹，2022；吕康娟等，2022）。

经济发展是否高质量取决于实体经济发展是否高质量（何玉长、潘超，2019），作为国民经济微观主体的企业，其发展质量变革关乎整个国民经济。社会价值、资源能力、产品服务、管理机制、研发技术、固定资产更新、技术进步等均是影响企业高质量发展的因素（黄速建等，2018；黄贤环、王瑶，2019；崔敏、赵增耀，2020；谢申祥等，2022）。

2. 效率变革研究

效率变革是变革的主线，也是提高经济竞争力的关键，是实现质量变革的主要支撑，通过提高稀缺资源的配置效率，减少投入产出比，获得更大效益。效率变革以投资回报率、资源配置效率、劳动生产率、资本生产率、土地生产率等为支撑，不断提高生产率，获得企业、区域、国家的健康发展。

如何理解效率变革与产业发展之间的关系呢？王竹君、任保平（2019）将效率划分为不同层面，其中宏观层面表现为通过发挥市场机制作用，提升生产要素配置效率，为宏观效率变革提供保障，在这一过程中教育水平与人力资本质量也需不断提高；中观层面表现为通过构建不同产业之间的协同、合作、创新体系，为产业结构优化提供前提，政府在这一过程中需要转变职能，加深市场化进程；微观层面表现为研究投入的加大、创新效率水平的提高、营商环境的改善，为企业效率提高提供保障，提升宏观、中观、微观层面的效率变革，将促进产业发展。

影响效率变革的因素有哪些？财税体制变革是影响效率变革的重要力量，财税分权显著阻碍经济的发展，但不同地区表现出异质性。为加速经济发展，地方政府需优化考核机制、有效约束扩张性支出行为，并建立良好的财政制度体系（杨志安、邱国庆，2019）。朱军（2022）基于企业方面的分析亦是如此，其研究认为减少企业所得税对经济发展具有积极作用，将企业、个人所得税两者减税政策搭配实施，有效减少因政策冲击引起的长期经济波动，提升企业效率，推动产业升级，但需权衡就业与产出之间的平衡。当市场需求具有产品需求差异化较大这一特征，增值税转型政策可依靠技术设备成本的降低使得企业释放更多创新红利，进而提升生产效率（张妍等，2022）。

3. 动力变革研究

动力变革是三大变革的基础，动力也由传统经济向新经济发展动力转化，新经济发展的动力主要是创新驱动。因此推动产业发展的动力变革重点需要依靠发展方式的转型、产业的协同转变等，发展方式由投资、出口拉动向消费、投资、出口协调拉动转变，产业发展由主要依靠第二产业带动向依靠一、

二、三产业协同带动转变，从主要依靠增加物质资源消耗向主要依靠技术进步、劳动者素质提高、管理创新转变。

影响产业发展的动力因素有哪些呢？随着经济从高速增长向高质量发展的转化，需要经济发展方式、路径、体制机制的转化（张军扩等，2019）。产业发展的动力关键取决于市场决定的资源配置、国家治理体系和治理能力的现代化（卢现祥，2020）。其中，人力的基础从人口红利向人才红利转变，技术的基础从模仿型技术进步向自主创新技术进步转变，制度的基础从渐进式增量向全面深化改革转变，这些新型动力的形成，对现有能力结构进行重构优化，包括产业结构、空间结构等（沈坤荣、赵倩，2020）。刘志彪、凌永辉（2020）则认为产业结构的转换已从适应调整阶段向战略调整阶段转化，产业结构服务化程度越发明显，结构转换度表现为全要素生产率的提升，但仍处于倒"U"形曲线的左侧，为改变这一现状，区域经济政策、融资环境、研发环境、人才环境需要改善（王清刚、汪帅，2022）。

除此之外，需要发挥新动能的引领作用，打通转换堵点，为产业发展注入新血液（吴迪、徐政，2021）。数字经济在推动产业发展的质量变革、效率变革、动力变革中已发挥重要的作用，杨文溥（2022）研究认为数字经济拉动消费水平、改善消费结构，促进产业发展；张焱（2021）研究认为数字经济对全要素生产率的影响显著为正，但区域间数字经济的作用路径具有差异性。

4. 相关评述

上述研究发现，质量变革、效率变革、动力变革之间是相互影响的，一种变革将会影响其他两种变革。我国经济正由高速增长向高质量发展转变，经济发展方式、经济结构、增长动力等已进入攻关期。为适应这种发展阶段的变化，相关的产业发展、经济发展考核指标也需随之调整，原来依靠经济增长速度、规模等相关的数量指标需要向生产率、就业等相关的发展质量指标转变。加强质量强国建设，树立质量第一、效益优先、持续创新等质量理念，同时倡导绿色发展理念，引导企业营造增强质量、重视质量、追求质量、关心质量的良好氛围。

从三大变革的核心要义看，三大变革的主攻方向是提升质量效益，途径是深化改革，以提高质量和效益为中心，积极推动三大变革。一是围绕高生产率行业，建设实体经济、科技创新、数字金融、人力资源协同发展的现代产业体系，把低生产率行业向高生产率行业转化，提升整个国民经济的效率。二是围绕要素市场进行改革，优化相关资源配置效率，提升劳动、土地、金融等要素的活力，进而提升要素的投入产出效率，营造公平的市场竞争环境。三是围绕引领发展的重要动力——创新进行改革，创新是三大变革的根本着力点。强化创新激励，引导创新主体提升创新能力，并强化创新主体的主导作用，加快培育创新型领军企业，推进创新向农业生产领域纵横发展，促进农业创新企业不断发展，培育具有探索性的创新型人才和产业工人，形成与三大变革匹配的人才梯队。四是围绕政府的作用职能优化管理服务，涉及新技术管理、新企业管理、新产业管理、新要素管理等，促进知识、技术、信息、数据等新型数字要素的合理流动、有效集聚，发挥不同要素之间的乘数效应，推动多元主体三大变革的新格局。

四、结语

本章聚焦数字经济、乡村数字经济、乡村产业等相关概念的阐释，在此基础上，针对数字经济赋能乡村产业发展理论，重点从政策支持、实践逻辑、内在机理等角度展开分析。同时，对相关文献进行回顾与梳理，重点围绕数字经济、乡村产业发展、数字经济与乡村产业发展的关系、三大变革等来进行。本章研究发现：

（1）数字经济是一种新经济形态，其以新一代数字技术为驱动力，将数据资源作为发展过程中的关键核心要素，将现代信息网络作为重要载体，将数字信息通信技术应用于产业融合与产业发展过程中，促进新型数字技术与传统产业融合，将各产业进行数字化转型，促进公平与效率更加统一的新型经济形态，是继农业经济、工业经济后发展起来的主要经济形态。数字经济重点关注数字产业化和产业数字化两方面，乡村数字经济亦是如此。乡村产业发展重点关注现代农业4.0版，三大变革重点关注如何提高产业发展质量与产业发展效率，具有哪些动力。对于数字赋能理论，重点关注数字如何赋能乡村产业发展。

（2）数字经济的重要元素包括数据、网络和信息技术应用等，其中数据是重要生产要素，网络是重要载体，信息技术应用是重要驱动力。数据奠定了数字经济发展的基础，解决的是数据资源的积累问题，网络化平台让数据资源能够在网络上流通、交换、共享、汇聚，通过信息技术的应用，把数据的价值挖掘出来，能够支撑我们社会经济、工作业务的发展，随着大数据的出现，数据成为了企业发展的核心资产，数据型企业成为IT产业的主导者，引导传统产业转型升级，数据技术和产业成为主要驱动力。

（3）乡村产业发展过程中乡村产业结构是其重要方面，产业结构优化是推动产业发展的重要因素，产业效益、产业效率是实现乡村产业发展的效果，在一定程度上可以说是乡村产业发展要达到的目标，绿色发展、现代农业发展是乡村产业发展过程中不可或缺的，是新发展阶段必须遵守的发展理念，也是产业发展过程中需要坚守的原则。

（4）以动力变革来推动效率变革，进而推动质量变革是乡村产业实现高质量发展的重要路径。效率变革是经济发展过程中的重要体系，目前我国经济增长过程中低效率问题仍较为突出，如何提升效率，实现科技创新、现代金融和人力资源的有效结合，提升生产效率仍是当前亟待解决的问题，也是实现质量变革的重要方面。当前我国经济发展面临的主要挑战是质量不高，厘清质量变革、效率变革与动力变革之间的关系，加快推进三大变革是我国当前及长期需要完成的任务。

第❸章
现状分析与时空演变

本章在第二章的基础上，将重点分析以下三个方面：

第一，围绕乡村数字经济、乡村产业发展进行测算。重点关注数字基础设施、农业数字化、农村数字产业化，从三维角度构建相关指标体系。乡村产业发展重点关注农业增产、增收、增效进行，既考虑产业发展的规模，也考虑产业发展的效率，采用的方法为熵权法，数据采用 2013～2022 年的相关数据，分析层面主要为全国层面、区域层面与省域层面。

第二，乡村数字经济与乡村产业发展之间的耦合协调分析。根据上一部分的结果，运用耦合协调模型，分析 2013～2022 年十年间两者之间的耦合协调度，初步判断数字经济与乡村产业发展之间的关联性。

第三，考察乡村数字经济与产业发展水平的区域差异及来源、动态演进及空间相关性等问题。这部分主要采用重心分析法、Dagum 基尼系数法、核密度估计法与 Moran's I 指数法，分析乡村数字经济与乡村产业发展重心的空间移动问题、空间来源问题以及时空演进趋势。

一、指标构建与研究方法

（一）乡村数字经济的测度

从经济测算统计视角看，对于众多机构而言，由于测算统计上的挑战，目前对数字经济的统计大多仅从数字产业化这一单一视角进行，主要关注数字技术本身产生的经济效益，通常局限于信息产业或信息通信技术产业。2014 年，经济合作与发展组织在评估数字经济时提出，除了商业和市场表现之外，还应考虑社会影响和智能基础设施。2018 年，美国商务部经济分析局将数字经济定义为依赖于计算机网络和数字基础设施的存在与应用，涵盖通过该系统进行的数字交易、用户创造和访问内容。同年，经济合作与发展组织将数字经济细分为数字促成产业、数字中介平台产业和电子商务产业，这些基本上涵盖了数字产业化的内容。在我国，国家统计局的统计主要集中在数字产业化方面。其中，数字经济的核心产业，包括数字产品制造、数字产品服务、数字技术应用和数字要素驱动，均属于数字产业化范畴，而数字化效率的提升则属于产业数字化。

根据乡村数字经济发展的内涵，结合数字经济发展的属性特征，借鉴李晓钟和张洁（2017）、庞国光等（2022）、慕娟和马立平（2021）、田野等（2023）、赵涛等（2020）、张旺等（2022）、Neeraj S 等（2023）、Wang Y 等（2023）、Yu 等（2022）等构建的乡村数字经济发展的方法，本书将乡村数字经济发展分成三要素：乡村数字基础设施、乡村农业数字化、乡村数字产业化。

乡村数字基础设施是确保农业农村数字经济运行与发展的基石，是乡村产业发展的重要支撑，其包括计算机硬件、软件、电信设备等支持农业农村数字经济运行和发展的基础设施，通过评估数字基础设施的普及率等指标了解农村地区数字经济发展的基础条件。本书使用农村互联网普及率、农村智能手机普及率、农村物流建设水平、农业气象观测站个数指标度量数字基础设施建设水平，具体来看：农村互联网普及率采用农村宽带接入户数与农村总户数比例衡量；农村智能手机普及率采用农村居民每百户移动电话拥有量衡量；农村物流建设水平采用农村投递线路密度衡量。

　　乡村产业数字化水平体现乡村地区数字经济发展和数字化程度。农业数字化包括利用信息技术和数字化手段在农业生产、流通和运营等环节的融合，实现合理利用农业资源，降低生产成本，改善生态环境，提高农业产品质量，降低市场运营成本。农业数字化使数字信息技术与农业发展的各个环节实现有效融合，对改造传统农业、转变农业生产方式具有重要意义。农业数字化是数字经济在农村农业领域的应用，其涵盖了农业生产、管理和营销等环节，评估农村地区农业生产过程中数字技术的应用程度，能够反映农村地区的农业生产效率、农产品质量和农业可持续发展水平。本书使用农业数字化交易、农业生产投资、农业机械化水平和农业生产电气化程度来度量农业数字化水平。其中，农业数字化交易采用农村商品市场交易额与电子商务交易额比例衡量，农业生产投资采用单位农作物农林牧渔业资产投资额衡量，农业机械化水平采用单位面积农业机械总动力衡量，农业生产电气化程度采用农林牧渔业增加值与农村用电总量比值衡量，该指标涵盖了不同方面的农业数字化发展情况，反映农产品市场的数字化运作程度，体现农业领域对数字化技术的投入程度，并关注农业生产过程中的自动化水平。

　　乡村数字产业化涉及数字技术与农村产业的融合，以促进农村产业的升级和转型，并用于评估农村地区数字产业的发展状况，反映其规模。在数字经济时代，网络、信息、数据和知识逐渐成为推动经济发展的关键要素。数字产业化以信息为加工对象，利用数字技术为加工手段，旨在创造知识产品，并将这些产品推广至社会的各个领域。在农村地区，数字商业产品主要涵盖了基于电信、电子制造、软件及其服务以及移动互联网等信息技术的产业。这些产业通过对发现和产生的数据信息进行清洗、整理和综合分析，进而发展数字商业和产品。本书使用农村网络支付水平、农业农村创新基地、农村数字产品服务消费水平指标度量乡村数字产业化水平。其中农村网络支付水平使用农村数字金融惠普指数衡量，农业农村创新基地使用淘宝村个数衡量，农村数字产品服务消费水平使用农村居民人均交通和通信消费支出占比衡量。农村网络支付水平和农业农村创新基地更直接地反映了农村数字化产业化进程和创新能力，凸显了农村特色与差异性，以及农村地区在支付方式和消费习惯上的特点，进而反映了农民对数字化金融服务的需求和接受程度。乡村数字经济的指标体系如表3-1所示。

表3-1 乡村数字经济的指标体系

	一级指标	二级指标	指标解释
乡村数字经济	数字基础建设	农村互联网普及率（+）	农村宽带接入户数/农村总户数
		农村智能手机普及率（+）	农村居民每百户移动电话拥有量
		农村物流建设水平	农村投递路线密度（平方千米/千米）
		农业气象观测站个数（+）	农业气象观测站个数
	农业数字化	农业数字化交易（+）	农村商品市场交易额/电子商务交易额
		农业生产投资（+）	农林牧渔业资产投资额/农作物面积
		农业机械化水平	单位面积农业机械总动力
		农业生产电气化程度（+）	农林牧渔业增加值与农村用电总量比值

一级指标	二级指标	指标解释
乡村数字经济	农村数字产业化	农村网络支付水平（+）：农村数字金融惠普和金融发展指数
		农业农村创新基地（+）：数字农业农村创新基地（淘宝村个数）
		农村数字产品服务消费水平（+）：农村居民人均交通和通信消费支出占比

资料来源：笔者整理。

（二）乡村产业发展的衡量

产业是一种社会分工现象，它是一个经济单位，属于中观经济范畴，它的存在并不是特立独行的，产业与产业之间存在着较为复杂的联系，它使整体的产业成为一个有机系统，其中一个产业必是其他产业的产生及发展的前提，存在直接或间接的影响作用，同时它也属于历史范畴，它的产生以及发展是随着生产力和社会分工不断发展的，它不仅仅是一般分工，还存在着特殊性。所考察的乡村产业是指以拓宽农业产业边界，促进乡村一、二、三产业融合发展的广泛产业，它根基于县域，依托于农民、农村及农业，并以乡村产业融合为发展路径。乡村产业融合表现为农业与工业结合、农业与旅游业结合等各种业态，各种业态紧密连接，互相促进，推进"三农"发展。根据乡村产业发展的内涵及对乡村产业的界定，本书认为乡村产业发展的根本是农业发展，乡村产业的工作重点是如何促进乡村产业的高质量发展。乡村产业发展需要依靠农户、企业等推动，乡村产业发展的衡量将从不同角度进行，采用多维指标衡量。

目前直接关于乡村产业发展的综合评价体系的研究较少，主要集中于乡村振兴（申云、李京蓉，2023；康书生、杨娜娜，2022）、乡村产业结构、乡村产业融合发展（田聪华，2019；杨宾宾等，2022）、农业现代化（李婕好等，2017）及农业高质量发展（辛岭等，2021）等角度。选取的具体指标如下：①产业增产体现乡村产业的生产能力和供给能力的提升。本书选择粮食作物、油料作物与蔬菜作为代表，选取的变量为人均粮食产量、人均油料产量、人均蔬菜产量。单位粮食产量从生产数量上代表了农业发展能力，单位粮食产量越高，发展能力越强。②产业增值反映乡村产业发展的价值提升。本书把人均总产值和农村人均农业增加值作为衡量指标。③产业增收体现乡村产业发展对农民增收作用增强。本书采用农村居民家庭人均可支配收入和农村人均储蓄进行衡量。乡村产业发展反映了乡村产业带来的经济收入的变化。一般而言，农民人均纯收入越高，农村经济水平越好。

（三）数据来源与说明

考虑数据的可获得性与统计口径的一致性，在选取区域时，剔除了西藏和港澳台地区，仅涉及30个省份的数据。农村宽带接入户数、农村居民每百户移动电话拥有量、农村投递路线、农业气象观测站个数、电子商务交易额、农业机械总动力、农林牧渔业增加值、农村居民交通和通信消费支出、农村居民人均消费支出、人均粮食产量、人均油料产量、人均蔬菜产量、农村居民家庭人均可支配收入等相关数据来自《中国统计年鉴》及国家统计局官方网站；农村创业创新基地数即各省份所有行政村中的淘宝村个数来自阿里研究院发布的《中国淘宝村研究报告》；农村数字金融普惠指数来源于北京大学数字金融研究中心发布的《数字普惠金融指数（2011—2022 年)》；其余指标数据均来自《中国农村统计年鉴》《中国城乡建设统计年鉴》以及 EPS 全球统计数据分析平台和各省统计年鉴。对个别缺失的数据，采用插值法进行补齐。由于省份层面存在资源、区位等方面的差异，导致部分数据的统计口径存在些许差异，为获得客观、精准的数据，本章对部分指标进行了精确化处理。

（四）研究方法比较与选择

在研究方法的选择上，数字经济与乡村产业发展的评估主要依赖于熵权法（李晓钟、张洁，2017）、层次分析法（沈剑波、王应宽，2019）、专家定性判断以及综合指数法（林立杰等，2015）等技术。在这些方法中，层次分析法和专家定性判断均具有显著的定性分析特征，这可能导致分析结果受到个人主观偏好的影响，从而降低其说服力。相比之下，熵权法基于宏观数据，采用客观赋权的方式来确定指标权重，这种方法科学性更强，能够有效减少专家主观判断所引起的偏差。因此，本书决定采用熵权法来对主要指标进行评估。该方法涉及三个主要步骤：

第一步，构建评价矩阵并进行标准化处理。式（3-1）代表评价矩阵，而式（3-2）则展示了通过最大—最小值法标准化后的矩阵。

$$
\text{评价矩阵 } X_{ij} = \begin{bmatrix} X_{11} & X_{12} & \cdots & X_{1n} \\ X_{21} & X_{22} & \cdots & X_{2n} \\ \vdots & \vdots & \vdots & \vdots \\ X_{m1} & X_{m2} & \cdots & X_{mn} \end{bmatrix} \tag{3-1}
$$

$$
\text{标准化后的矩阵 } X_{ij} = \begin{bmatrix} \dfrac{X_{11}-X_{\min}}{X_{\max}-X_{\min}} & \dfrac{X_{12}-X_{\min}}{X_{\max}-X_{\min}} & \cdots & \dfrac{X_{1n}-X_{\min}}{X_{\max}-X_{\min}} \\[3ex] \dfrac{X_{21}-X_{\min}}{X_{\max}-X_{\min}} & \dfrac{X_{21}-X_{\min}}{X_{\max}-X_{\min}} & \cdots & \dfrac{X_{21}-X_{\min}}{X_{\max}-X_{\min}} \\[3ex] \vdots & \vdots & \vdots & \vdots \\[3ex] \dfrac{X_{m1}-X_{\min}}{X_{\max}-X_{\min}} & \dfrac{X_{m1}-X_{\min}}{X_{\max}-X_{\min}} & \cdots & \dfrac{X_{m1}-X_{\min}}{X_{\max}-X_{\min}} \end{bmatrix}
$$

$$\tag{3-2}$$

第二步，运用信息赋权法计算相关指标的权重。权重计算如式（3-3）所示。

$$\omega_j = \frac{G_j}{\sum\limits_{j=1}^{n} G_j} = \frac{1 - H_j}{n - \sum\limits_{j=1}^{n} H_j} \qquad (3-3)$$

其中，$H_j = -\left(\sum\limits_{i=1}^{m} f_{ij} Ln f_{ij} \right), i = 1, 2, \cdots, m, j = 1, 2, \cdots, n, f_{ij} = \frac{1+x_{ij}}{\sum\limits_{i=1}^{m} (1+x_{ij})}, G_j = 1 -$ H_j 为 j 列的差异系数，ω_j 为 j 列的信息熵权值。

第三步，根据权重和标准矩阵，分别计算乡村数字经济与乡村产业发展指标的综合序参量。如式（3-4）所示。

$$U_i = \sum\limits_{j=1}^{n} \omega_{ij} x_{ij}, \quad \sum\limits_{j=1}^{n} \omega_{ij} = 1, \quad i = 1, 2, \cdots, m \qquad (3-4)$$

其中，U_i 为乡村数字经济与乡村产业发展指标的综合序参量，代表乡村数字经济与乡村产业发展。

二、现状分析

（一）乡村数字经济的现状与区域差异

1. 基于全国层面的分析

从全国范围来看，在考察期内，乡村数字经济呈现出一种基本上升的趋势。这一点从图 3-1 中可以看出。具体来看，乡村数字经济从 2013 年的 0.211 上升至 2022 年的 0.533，年均增长率为 10.84%。这一现象表明，随着数字水平的不断深化与提高，乡村数字经济也呈现增长的趋势。这种趋势在一定程度上反映出我国的乡村数字化发展水平正在逐渐走向成熟阶段。

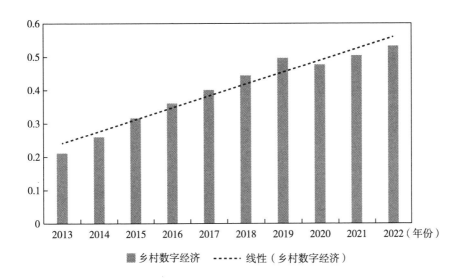

图3-1 近十年乡村数字经济变化趋势

2. 基于区域层面的分析

为了更清晰地理解不同地区乡村数字经济的发展趋势，本章将对东中西部地区①的相关情况进行阐述。如图3-2所示。

从东中西部地区看，考察期内乡村数字经济水平基本呈现上升的趋势，其中，东部地区由2013年的0.221上升到2022年的0.537，年均增长率为10.36%，中部地区由2013年的0.2212上升到2022年的0.5445，年均增长率为7.96%，西部地区由2013年的0.1821上升到2022年的0.5732，年均增长率为13.59%。由此看出，东部、中部、西部地区乡村数字经济变化均基本

---

① 东部地区：北京、天津、河北、辽宁、上海、江苏、浙江、福建、山东、广东、海南；中部地区：山西、吉林、黑龙江、安徽、江西、河南、湖北、湖南；西部地区：内蒙古、广西、重庆、四川、贵州、云南、西藏、陕西、甘肃、青海、宁夏、新疆。

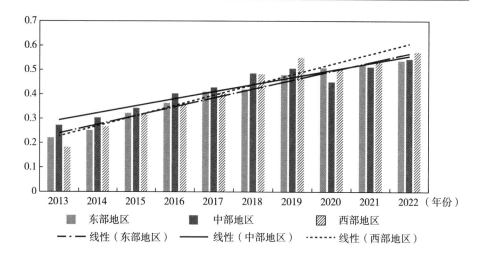

图 3-2　基于东中西部地区乡村数字经济变化趋势

呈现上升趋势，西部地区的上升幅度最为明显，意味着伴随着数字化的发展，乡村数字经济将发挥越来越重要的作用，但不同地区的数字化程度不同，增速也不同。

3. 基于省域层面的分析

基于省域层面的分析揭示了乡村数字经济具有以下显著特征：

（1）考察期内，所有省份的乡村数字经济普遍呈现增长趋势，尽管增长幅度各有不同。与 2013 年相比，至 2022 年增长幅度超过 2 倍的省份包括江苏、福建、海南、广西、重庆、四川、贵州、陕西、甘肃、青海和宁夏。相比之下，浙江、山东、山西、安徽、江西、河南和新疆的增长幅度相对较低，介于 0.60 和 1 之间，其余省份的增长幅度均超过 1 倍。

（2）不同省份的乡村数字经济也表现出一定的差异性。以 2013 年数据为例，河北、安徽、新疆、山东和山西的乡村数字经济在 0.30 和 0.33 之间，而贵州、福建和四川等省份的乡村数字经济相对较低，均低于 0.10。至 2022 年，吉林、河北、贵州、重庆和甘肃的乡村数字经济均超过 0.60，山东、湖南、江苏和浙江的乡村数字经济为0.43~0.50，其余省份的乡村数字经济则为0.5~0.60。综上所述，尽管所有省份的乡村数字经济均呈现增长态势，但增长的幅度存在显著差异，并且省份之间也存在一定的发展差异（见表3-2）。

表3-2 各省份乡村数字经济的变化趋势

省份	2013年	2014年	2015年	2016年	2017年	2018年	2019年	2020年	2021年	2022年
北京	0.257	0.357	0.333	0.338	0.316	0.368	0.445	0.567	0.616	0.531
天津	0.240	0.188	0.231	0.272	0.386	0.382	0.542	0.489	0.499	0.532
河北	0.323	0.371	0.378	0.358	0.438	0.510	0.518	0.550	0.555	0.654
辽宁	0.278	0.371	0.393	0.466	0.459	0.434	0.425	0.431	0.520	0.573
上海	0.188	0.107	0.210	0.256	0.454	0.340	0.362	0.483	0.489	0.542
江苏	0.118	0.217	0.302	0.420	0.492	0.493	0.587	0.596	0.569	0.438
浙江	0.218	0.255	0.355	0.374	0.354	0.371	0.385	0.503	0.422	0.433
福建	0.089	0.179	0.352	0.465	0.433	0.440	0.546	0.492	0.564	0.598
山东	0.305	0.345	0.406	0.400	0.445	0.495	0.496	0.526	0.475	0.499
广东	0.240	0.137	0.280	0.263	0.317	0.374	0.440	0.464	0.508	0.539
海南	0.177	0.243	0.313	0.395	0.422	0.414	0.531	0.492	0.482	0.572
山西	0.301	0.307	0.370	0.441	0.469	0.436	0.405	0.465	0.544	0.558
吉林	0.296	0.281	0.297	0.288	0.312	0.394	0.442	0.461	0.487	0.691
黑龙江	0.258	0.367	0.316	0.428	0.449	0.489	0.527	0.421	0.465	0.560
安徽	0.323	0.388	0.431	0.541	0.514	0.519	0.527	0.401	0.488	0.526
江西	0.296	0.288	0.297	0.299	0.430	0.556	0.592	0.369	0.449	0.505
河南	0.285	0.305	0.303	0.358	0.426	0.499	0.468	0.537	0.573	0.521
湖北	0.191	0.229	0.339	0.396	0.345	0.432	0.544	0.496	0.547	0.523
湖南	0.235	0.266	0.392	0.476	0.479	0.561	0.543	0.454	0.543	0.472
内蒙古	0.280	0.332	0.313	0.319	0.388	0.503	0.477	0.453	0.507	0.586
广西	0.264	0.395	0.338	0.370	0.482	0.553	0.637	0.556	0.608	0.536
重庆	0.186	0.239	0.271	0.339	0.404	0.515	0.574	0.526	0.560	0.615

省份	2013 年	2014 年	2015 年	2016 年	2017 年	2018 年	2019 年	2020 年	2021 年	2022 年
四川	0.097	0.181	0.334	0.374	0.470	0.579	0.636	0.581	0.537	0.558
贵州	0.078	0.234	0.226	0.275	0.291	0.439	0.490	0.447	0.559	0.629
云南	0.241	0.227	0.274	0.415	0.457	0.439	0.500	0.378	0.391	0.548
陕西	0.136	0.261	0.423	0.393	0.401	0.408	0.492	0.533	0.529	0.566
甘肃	0.147	0.230	0.369	0.358	0.393	0.428	0.547	0.523	0.545	0.605
青海	0.120	0.274	0.301	0.421	0.427	0.504	0.588	0.564	0.542	0.594
宁夏	0.141	0.305	0.404	0.365	0.370	0.428	0.533	0.551	0.591	0.546
新疆	0.313	0.257	0.274	0.287	0.392	0.518	0.579	0.451	0.466	0.523

（二）乡村产业发展的现状与区域差异

1. 基于全国层面的分析

从全国层面看，考察期内乡村产业发展呈现持续性上升趋势，由 2013 年的 0.220 上升到 2022 年的 0.642，年均增长率 12.63%。增长率超过年均增长率的年份主要聚焦在 2019 年之后（见图 3-3）。这一现象表明，我国乡村产业振兴取得显著效果，乡村产业发展得到了进一步发展。2020 年 7 月农业农村部印发的《全国乡村产业发展规划（2020—2025 年）》提出，提升农产品加工业、拓展乡村特色产业、优化乡村休闲旅游业、发展乡村新型服务业、推进农业产业化和农村产业融合发展、推进农村创新创业等相关目标，以及加强统筹协调、政策支持、科技支撑、营造良好氛围等相关保障措施。在市场、政策、科技等多维因素的驱动下，乡村产业发展已进入发展的快车道。2022 年，我国农业及相关产业增加值超 19 万亿元，规模以上农产品加工企业营业收入超 19 万亿元。

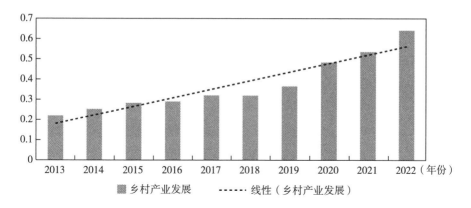

图 3-3 近十年乡村产业发展水平变化趋势

2. 基于区域层面的分析

对于区域层面的分析，依然关注东中西部地区。从东部、中部和西部地区乡村产业发展水平变化趋势看，三地区在考察期内均呈现上升趋势。具体而言，东部地区由 2013 年的 0.299 上升到 2022 年的 0.612，年均增长率为 8.31%，分析不同阶段，2013～2019 年变化相对平稳，2020～2022 年呈现快速增长趋势。中部地区由 2013 年的 0.195 上升到 2022 年的 0.724，年均增长率为 15.71%，西部地区由 2013 年的 0.173 上升到 2022 年的 0.668，年均增长率为 16.21%。总的来看，增长速度以西部地区最为突出，中部地区紧随其后，东部地区的增长速度相对较缓。基于乡村产业发展水平比较，2013 年呈现东部地区、中部地区、西部地区依次递减的局面，但至 2022 年以中部地区最为突出（见图 3-4）。分析其原因，笔者发现：2010 年后东部地区的农村，进一步受到工业建设带动和城镇扩张辐射，形成利益密集特征，因此乡村产业发展较为迅速，而广大中西部地区主要是一般农业型村庄，这些农业型村庄难以享受产业集聚带来的土地增值，农村土地主要用于农业生产，青壮年劳动力的大量流失，更导致了农业经济的不活跃，部分农村地区甚至呈现

"空心化"状态。随着我国相关政策逐渐向中西部地区倾斜，农业农村发展不再仅仅是依靠单纯的农户而是涉及多种新型农业经营主体，产业集聚逐渐带来更多的土地增值，依托工业产业发展的农产品加工业、精深加工业也在逐渐发展，产业规模化、集群化逐渐形成，产业现代化程度也在提高，一批国家级种业研发机构、高端农业技术创新人才正在中西部地区逐渐形成，促使中西部地区乡村产业得以发展。

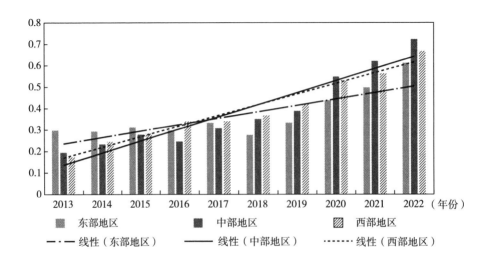

图3-4　基于东中西部地区乡村产业发展变化趋势

3. 基于省域层面的分析

基于省域层面的乡村产业发展的分析，揭示各省份乡村产业发展所呈现的特征：

（1）考察期内大多数省份乡村产业发展水平呈现上升趋势，仅上海略有下降。比较各省份上升幅度，以河南、湖南最为突出，分别由2013年的0.032、0.043上升到2022年的0.849、0.753。

（2）考察期内不同省份之间乡村产业发展存在明显差异。以2022年为例，河南、云南、山西、辽宁、黑龙江、湖南、四川等省份均在0.750以上，广西、甘肃、吉林、广东、福建、重庆、山东为0.700~0.750，除上海外，其余省份均为0.450~0.700，上海的乡村产业发展仅为0.306（见表3-3）。

表3-3　各省份乡村产业发展变化趋势与差异

省份	2013年	2014年	2015年	2016年	2017年	2018年	2019年	2020年	2021年	2022年
北京	0.570	0.397	0.356	0.315	0.259	0.200	0.162	0.254	0.396	0.580
天津	0.179	0.145	0.091	0.249	0.290	0.316	0.326	0.442	0.480	0.629
河北	0.196	0.161	0.177	0.268	0.337	0.343	0.368	0.529	0.542	0.661
辽宁	0.281	0.154	0.226	0.196	0.214	0.256	0.453	0.561	0.678	0.773
上海	0.634	0.601	0.559	0.340	0.367	0.381	0.350	0.334	0.306	0.306
江苏	0.170	0.267	0.412	0.336	0.390	0.211	0.332	0.482	0.548	0.640
浙江	0.365	0.273	0.299	0.300	0.395	0.243	0.303	0.362	0.390	0.474
福建	0.305	0.266	0.220	0.146	0.201	0.291	0.406	0.548	0.611	0.722
山东	0.147	0.214	0.257	0.289	0.319	0.312	0.323	0.435	0.579	0.712
广东	0.169	0.308	0.378	0.378	0.475	0.179	0.339	0.572	0.605	0.724
海南	0.267	0.450	0.467	0.464	0.426	0.314	0.317	0.300	0.340	0.512
山西	0.268	0.297	0.090	0.190	0.196	0.353	0.365	0.516	0.685	0.794
吉林	0.128	0.163	0.137	0.193	0.286	0.253	0.346	0.480	0.623	0.726
黑龙江	0.310	0.280	0.293	0.255	0.223	0.265	0.355	0.578	0.626	0.757
安徽	0.378	0.473	0.563	0.230	0.283	0.327	0.354	0.467	0.532	0.646
江西	0.218	0.209	0.300	0.316	0.368	0.493	0.424	0.505	0.630	0.624
河南	0.032	0.084	0.258	0.335	0.491	0.429	0.526	0.716	0.604	0.849
湖北	0.179	0.228	0.355	0.273	0.363	0.302	0.323	0.505	0.557	0.639
湖南	0.043	0.135	0.231	0.178	0.253	0.390	0.416	0.623	0.711	0.753
内蒙古	0.136	0.209	0.271	0.294	0.271	0.295	0.453	0.534	0.567	0.608
广西	0.142	0.298	0.320	0.370	0.370	0.396	0.438	0.566	0.637	0.741
重庆	0.144	0.173	0.239	0.355	0.393	0.371	0.433	0.530	0.593	0.713
四川	0.166	0.111	0.199	0.297	0.328	0.342	0.390	0.536	0.700	0.752
贵州	0.273	0.403	0.486	0.490	0.521	0.388	0.372	0.502	0.403	0.568

续表

省份	2013 年	2014 年	2015 年	2016 年	2017 年	2018 年	2019 年	2020 年	2021 年	2022 年
云南	0.000	0.285	0.191	0.266	0.325	0.454	0.530	0.623	0.754	0.841
陕西	0.114	0.135	0.221	0.361	0.331	0.385	0.437	0.602	0.591	0.647
甘肃	0.137	0.239	0.268	0.273	0.282	0.316	0.361	0.502	0.561	0.731
青海	0.282	0.259	0.231	0.263	0.167	0.331	0.455	0.513	0.597	0.685
宁夏	0.294	0.325	0.367	0.348	0.366	0.414	0.400	0.503	0.348	0.459
新疆	0.213	0.261	0.318	0.423	0.390	0.348	0.368	0.429	0.436	0.600

三、数字经济与乡村产业的耦合协调发展

（一）研究方法

根据乡村数字经济与乡村产业发展水平的测度结果，计算乡村数字经济与乡村产业发展之间的耦合度。如式（3-5）所示。

$$C = \frac{2 \cdot (U_c U_a)^{1/2}}{U_c + U_a} \qquad (3\text{-}5)$$

其中，C 为乡村数字经济与乡村产业发展的耦合度，U_c、U_a 分别为乡村数字经济综合序参量和乡村产业发展的综合序参量。

$$
C = \begin{cases}
\text{耦合度极小，无关联且无序发展} & C = 0 \\
\text{低水平耦合阶段} & 0 < C \leqslant 0.3 \\
\text{颉颃耦合阶段} & 0.3 < C \leqslant 0.5 \\
\text{磨合耦合阶段} & 0.5 < C \leqslant 0.8 \\
\text{高水平耦合阶段} & 0.8 < C < 1 \\
\text{良性耦合共振，趋向新的有序结构} & C = 1
\end{cases}
$$

当 $C=0$ 时，代表耦合度极小，无关联且无序发展；当 $0<C\leq0.3$ 时，代表低水平耦合阶段；当 $0.3<C\leq0.5$ 时，代表颉颃耦合阶段；当 $0.5<C\leq0.8$ 时，代表磨合耦合阶段；当 $0.8<C<1$ 时，代表高水平耦合阶段；当 $C=1$ 时，代表良性耦合共振阶段，趋向新的有序结构。

引入综合协调指数，计算两者之间的协调性。如式（3-6）、式（3-7）所示。

$$D=(C\times T)^{1/2} \tag{3-6}$$

$$T=aU_c+bU_a \tag{3-7}$$

其中，T 为综合协调指数，D 为协调度，a、b 分别为乡村数字经济、乡村产业发展综合序参量的权重。耦合协调度等级划分标准如表3-4所示。

表 3-4 耦合协调度等级划分标准

耦合协调度 D 值区间	协调等级	耦合协调程度
[0.0~0.1)	1	极度失调
[0.1~0.2)	2	严重失调
[0.2~0.3)	3	中度失调
[0.3~0.4)	4	轻度失调
[0.4~0.5)	5	濒临失调
[0.5~0.6)	6	勉强协调
[0.6~0.7)	7	初级协调
[0.7~0.8)	8	中级协调
[0.8~0.9)	9	良好协调
[0.9~1.0)	10	优质协调

（二）耦合度水平与比较

1. 各地区耦合度水平比较

从东中西部地区的耦合度变化看，2013~2022 年乡村数字经济与乡村产业发展为 0.85~1.00，处于高水平耦合阶段，整体变化较小，最大值与最小值的差异仅为 0.132。东部地区两者之间的耦合度在 2013~2022 年略有上升，由 2013 年的 0.947 上升到 2022 年的 0.990，年均上升率为 0.50%，最大值与最小值的偏离差异为 0.050；中西部地区的变化趋势与东部地区相似，呈现上升趋势，分别由 2013 年的 0.903、0.864 上升到 2022 年的 0.988、0.994，年均上升率分别为 1.00%、1.57%，最大值与最小值的差异分别是 0.091、0.132，相比三地区，耦合度差异相对较小，整体来看，中西部地区略高于东部地区（见图 3-5）。

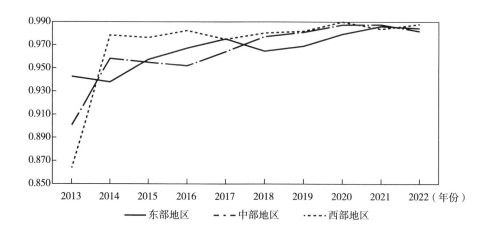

图 3-5 东中西部地区耦合度变化趋势

2. 各省份耦合效应差异比较

为比较各省份耦合度的差异性，本书以 2022 年数据为例。从耦合性水平看，各省份的耦合性水平为 0.960~1.000，上海最低为 0.961，除辽宁、上海、江苏、山东、广东、山西、黑龙江、河南、湖南、广西、四川、云南外，其余省份均在 0.990 以上（见表 3-5）。

表 3-5　各省份耦合性变化趋势

省份	2013 年	2014 年	2015 年	2016 年	2017 年	2018 年	2019 年	2020 年	2021 年	2022 年
北京	0.925	0.999	0.999	0.999	0.995	0.955	0.885	0.924	0.976	0.999
天津	0.990	0.991	0.899	0.999	0.990	0.996	0.968	0.999	1.000	0.997
河北	0.969	0.919	0.933	0.990	0.992	0.981	0.986	1.000	1.000	1.000
辽宁	1.000	0.910	0.963	0.913	0.932	0.966	0.999	0.991	0.991	0.989
上海	0.841	0.716	0.891	0.990	0.994	0.998	1.000	0.983	0.973	0.961
江苏	0.984	0.995	0.988	0.994	0.993	0.916	0.961	0.994	1.000	0.982
浙江	0.968	0.999	0.996	0.994	0.999	0.978	0.993	0.987	0.999	0.999
福建	0.837	0.981	0.973	0.852	0.930	0.979	0.989	0.999	0.999	0.996
山东	0.937	0.972	0.974	0.987	0.986	0.974	0.977	0.995	0.995	0.984
广东	0.985	0.923	0.989	0.984	0.980	0.936	0.992	0.995	0.996	0.989
海南	0.979	0.954	0.980	0.997	1.000	0.991	0.968	0.970	0.985	0.998
山西	0.998	1.000	0.795	0.917	0.912	0.994	0.999	0.999	0.993	0.985
吉林	0.918	0.964	0.930	0.980	0.999	0.976	0.993	1.000	0.992	1.000
黑龙江	0.996	0.991	0.999	0.967	0.941	0.955	0.981	0.988	0.989	0.989
安徽	0.997	0.995	0.991	0.915	0.957	0.974	0.981	0.997	0.999	0.995
江西	0.988	0.987	1.000	1.000	0.997	0.998	0.986	0.988	0.986	0.994
河南	0.603	0.823	0.997	0.999	0.998	0.997	0.998	0.990	1.000	0.971
湖北	0.999	1.000	1.000	0.983	1.000	0.984	0.967	1.000	1.000	0.995
湖南	0.725	0.946	0.966	0.890	0.951	0.984	0.991	0.988	0.991	0.973
内蒙古	0.938	0.974	0.997	0.999	0.984	0.965	1.000	0.997	0.998	1.000
广西	0.954	0.990	1.000	1.000	0.991	0.986	0.983	1.000	1.000	0.987
重庆	0.992	0.987	0.998	1.000	1.000	0.987	0.990	1.000	1.000	0.997
四川	0.966	0.971	0.967	0.993	0.984	0.966	0.971	0.999	0.991	0.989
贵州	0.830	0.964	0.931	0.960	0.959	0.998	0.991	0.987	0.987	0.999
云南	0.000	0.994	0.984	0.976	0.986	1.000	1.000	0.970	0.949	0.977
陕西	0.996	0.948	0.950	0.999	0.995	1.000	0.998	0.998	0.998	0.998
甘肃	0.999	1.000	0.987	0.991	0.986	0.989	0.979	1.000	1.000	0.996
青海	0.915	1.000	0.991	0.973	0.900	0.978	0.992	0.999	0.999	0.997
宁夏	0.936	0.999	0.999	1.000	1.000	1.000	0.990	0.999	0.966	0.996
新疆	0.982	1.000	0.997	0.982	1.000	0.981	0.975	1.000	0.999	0.998

（三）协调性分析与比较

1. 各地区协调度水平比较

从东中西部地区协调度水平看，参见图 3-6。2013～2022 年东中西部地区的协调度均基本呈现上升趋势，由 2013 年的 0.489、0.457、0.377 上升到 2022 年的 0.753、0.791、0.785，年均上升率为 4.90%、6.27%、8.50%。比较三地区的协调性，2013 年东部地区高于中西部地区，其东部地区、中部地区处于濒临失调的程度，西部地区处于适度失调的程度，2014～2016 年三地区均处于勉强协调的程度，三地区协调性差异较小，之后的 2017～2019 年进入初级协调阶段，中部、西部地区超过东部地区，2020～2021 年中西部地区进入中级协调阶段，但东部地区在 2021 年处于初级协调的高水平阶段，2022 年三地区均为中级协调的高水平阶段（见图 3-6）。

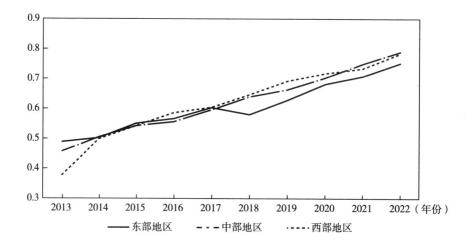

图 3-6 东中西部地区协调度变化趋势

2. 各省份协调度差异比较

从各省份的变动趋势看，考察期各省份基本呈现上升趋势，为比较各省份协调度的差异性，本书以 2022 年为例，从各省份的协调性水平来看，河北、辽宁、福建、山西、吉林、黑龙江、河南、重庆、四川、云南、甘肃等均在 0.8 以上，处于良好协调水平，上海、浙江处于初级协调，其余省份协调度均为 0.7~0.8，处于中级协调水平（见表 3-6）。

表 3-6　各省份协调度变化趋势

省份	2013 年	2014 年	2015 年	2016 年	2017 年	2018 年	2019 年	2020 年	2021 年	2022 年
北京	0.619	0.613	0.587	0.571	0.535	0.521	0.518	0.616	0.703	0.745
天津	0.455	0.406	0.380	0.510	0.579	0.590	0.648	0.682	0.700	0.761
河北	0.502	0.495	0.509	0.557	0.620	0.647	0.661	0.734	0.741	0.811
辽宁	0.529	0.489	0.546	0.550	0.560	0.577	0.662	0.701	0.770	0.816
上海	0.588	0.503	0.586	0.543	0.639	0.600	0.597	0.634	0.622	0.639
江苏	0.376	0.491	0.594	0.613	0.662	0.568	0.664	0.732	0.747	0.728
浙江	0.531	0.513	0.571	0.579	0.612	0.548	0.585	0.653	0.637	0.673
福建	0.406	0.467	0.528	0.510	0.543	0.598	0.686	0.721	0.766	0.811
山东	0.460	0.521	0.568	0.583	0.614	0.627	0.633	0.692	0.724	0.772
广东	0.449	0.453	0.570	0.561	0.623	0.508	0.622	0.718	0.745	0.791
海南	0.466	0.575	0.618	0.655	0.651	0.601	0.640	0.620	0.636	0.736
山西	0.533	0.549	0.428	0.538	0.551	0.626	0.620	0.700	0.782	0.816
吉林	0.441	0.463	0.449	0.486	0.546	0.562	0.626	0.686	0.742	0.842
黑龙江	0.532	0.566	0.551	0.575	0.562	0.600	0.658	0.702	0.734	0.807
安徽	0.591	0.655	0.702	0.594	0.618	0.642	0.657	0.658	0.714	0.764
江西	0.504	0.495	0.546	0.555	0.631	0.724	0.708	0.657	0.729	0.749
河南	0.310	0.400	0.529	0.589	0.676	0.680	0.705	0.787	0.767	0.815
湖北	0.430	0.478	0.589	0.574	0.595	0.601	0.647	0.707	0.743	0.760
湖南	0.318	0.436	0.549	0.539	0.590	0.684	0.689	0.729	0.788	0.772
内蒙古	0.442	0.513	0.540	0.554	0.570	0.621	0.682	0.701	0.732	0.773
广西	0.440	0.585	0.573	0.608	0.650	0.684	0.727	0.749	0.789	0.794

省份	2013 年	2014 年	2015 年	2016 年	2017 年	2018 年	2019 年	2020 年	2021 年	2022 年
重庆	0.405	0.451	0.505	0.589	0.631	0.661	0.706	0.727	0.759	0.814
四川	0.356	0.377	0.507	0.577	0.627	0.667	0.706	0.747	0.783	0.805
贵州	0.382	0.554	0.576	0.606	0.624	0.642	0.653	0.688	0.689	0.773
云南	0.000	0.504	0.478	0.577	0.621	0.668	0.718	0.697	0.737	0.824
陕西	0.353	0.434	0.553	0.614	0.603	0.630	0.681	0.753	0.748	0.778
甘肃	0.376	0.484	0.561	0.559	0.577	0.607	0.666	0.716	0.744	0.816
青海	0.428	0.516	0.513	0.577	0.517	0.639	0.719	0.733	0.754	0.799
宁夏	0.451	0.561	0.621	0.597	0.607	0.649	0.680	0.725	0.674	0.708
新疆	0.508	0.509	0.543	0.590	0.625	0.652	0.679	0.663	0.672	0.748

四、数字经济与乡村产业发展的时空演变

（一）空间格局变化分析

运用重心分析方法判断乡村数字经济与乡村产业发展两者之间的空间格局和方向趋势。重心法主要通过确定研究对象的经纬度值来确定研究对象的空间重心。其中经度值、纬度值的计算采用式（3-8）、式（3-9）计算。

$$\bar{x} = \frac{\sum\limits_{i=1}^{n} m_i x_i}{\sum\limits_{i=1}^{n} m_i} \quad\quad (3-8)$$

$$\bar{y} = \frac{\sum\limits_{i=1}^{n} m_i y_i}{\sum\limits_{i=1}^{n} m_i} \qu\quad (3-9)$$

其中，n 为次级区域数，i 为第 i 个次级区域，(x_i, y_i) 为第 i 个次级区域中心，x_i、y_i 分别为第 i 个次级区域的经度值和纬度值，$(\bar{x}, \bar{y})$ 为某区域某种属性重心的经度值与纬度值，m_i 为 i 个次级区域某属性的量值，在本章中代表乡村数字经济、乡村产业发展以及两者之间的协调度。有关 x_i、y_i 的数据来源于百度地图拾取坐标系统。

有关空间移动距离的判断采用式（3–10）：

$$d_{q-p} = c \times \sqrt{\left(\bar{x}_q - \bar{x}_p\right)^2 + \left(\bar{y}_q - \bar{y}_p\right)^2} \tag{3-10}$$

其中，d_{q-p} 表示从 p 年到 q 年重心移动的距离，$\bar{x}_p$、$\bar{x}_q$ 分别表示 p 年、q 年的某属性的经度值，$\bar{y}_p$、$\bar{y}_q$ 分别表示 p 年、q 年某属性的纬度值。c 为常数，表示由地球表面坐标单位转化为平面距离的系数，c 设定为 111.111。

重心法仅仅是对不同属性重心的移动趋势与移动特征进行分析，有关不同属性之间的空间耦合性并未进行分析，本书将从空间重叠性和变动一致性进行分析。

空间重叠性采用空间距离计算，如式（3–11）所示。

$$S = d_{m,n} = \sqrt{\left(x_m - x_n\right)^2 + \left(y_m - y_n\right)^2} \tag{3-11}$$

其中，m、n 分别为乡村数字经济与乡村产业发展的重心相同年份的坐标，x_m、x_n 分别为相同年份乡村数字经济与乡村产业发展的重心经度值，y_m、y_n 分别为相同年份乡村数字经济与乡村产业发展的重心纬度值，$d_{m,n}$ 为两者间的空间距离，空间距离与耦合性呈现反向关系，空间距离越近耦合性越高，反之亦然。

有关变动一致性的判断是通过方向余弦值衡量的，即乡村数字经济重心与乡村产业发展重心相对上一时间点移动的矢量夹角的余弦值，其计算公式为：

$$C = \cos\theta = \frac{\left(\Delta x_m^2 + \Delta y_m^2\right) + \left(\Delta x_n^2 + \Delta y_n^2\right) - \left[\left(\Delta x_m^2 - \Delta y_m^2\right) + \left(\Delta x_n^2 - \Delta y_n^2\right)\right]}{2\sqrt{\left(\Delta x_m^2 + \Delta y_m^2\right)\left(\Delta x_n^2 + \Delta y_n^2\right)}}$$

$$= \frac{\Delta x_m \Delta x_n + \Delta y_m \Delta y_n}{\sqrt{\left(\Delta x_m^2 + \Delta y_m^2 \right) \left(\Delta x_n^2 + \Delta y_n^2 \right)}} \qquad (3-12)$$

其中，θ 为两种重心相对上一时间点移动的矢量夹角，取值范围为 $\theta \in [0°,$ 180°]，Δx_m、Δx_n 分别为相同年份乡村数字经济与乡村产业发展重心的经度值相对上一时间点的变化，Δy_m、Δy_n 分别为相同年份乡村数字经济与乡村产业发展重心的纬度值相对上一时间点的变化。C 的取值范围为 $C \in [-1, 1]$，当 $C = -1$ 时，表示两者方向相反，意味着两者变动不一致；当 $C = 1$ 时，表示两者方向相同，意味着两者变动一致；当 $C \in (-1, 0)$ 时，表示两者方向变化呈现反向偏离；当 $C \in (0, 1)$ 时，表示两者方向变化呈现正向偏离。

根据式（3-8）、式（3-9）、式（3-10）计算乡村数字经济与乡村产业发展的经纬度、移动距离，并根据其判断移动方向，结果如表3-7所示。

表 3-7　乡村数字经济与乡村产业发展重心空间位置、移动方向与距离

年份	乡村数字经济				乡村产业发展			
	经度	纬度	移动距离	移动方向	经度	纬度	移动距离	移动方向
2013	114.957	34.086			114.457	33.290		
2014	114.409	34.005	61.546	向南偏西	113.473	32.086	172.790	向西偏南
2015	114.163	33.334	79.378	向西偏南	113.725	32.000	29.566	向南偏东
2016	114.057	33.105	28.033	向西偏南	113.579	32.543	62.441	向西偏北
2017	113.933	33.027	16.183	向南偏西	113.723	32.317	29.751	向东偏南
2018	113.849	33.184	19.741	向西偏北	113.307	32.780	69.115	向西偏北
2019	113.768	33.050	17.291	向西偏南	113.594	33.000	40.196	向北偏东
2020	113.809	33.157	12.641	向东偏北	113.854	33.147	33.185	向北偏东
2021	113.838	33.163	3.356	向北偏东	113.968	33.212	14.585	向北偏东
2022	113.886	33.295	15.652	向东偏北	114.002	33.330	13.615	向东偏北
2013~2022	—	—	147.918	向南偏西	—	—	50.682	向北偏西
2013~2018	—	—	158.798	向南偏西	—	—	139.749	向南偏西
2018~2022	—	—	13.079	向东偏北	—	—	98.509	向北偏东

根据表 3-7 的计算结果，将 2013~2022 年乡村数字经济与乡村产业发展的变动轨迹绘制成坐标图，以经度为横坐标，以纬度为纵坐标，变动轨迹如图 3-7、图 3-8 所示。

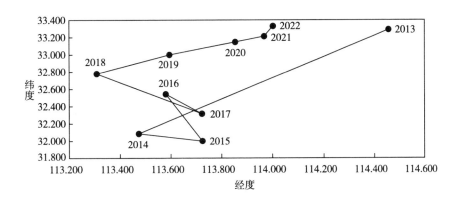

图 3-7　乡村产业发展重心的变动轨迹

从乡村产业发展重心变动看，不同阶段乡村产业发展重心不断发生移动，移动距离和移动方向存在差异。具体表现为：①不同时间段乡村产业发展重心移动方向有所不同。从东西方向判断，2013~2022 年经度值呈现波动性变化，但考察期乡村产业发展整体呈现向西移动。具体来看，2013~2018 年呈现向西方向移动，之后至 2022 年呈现向东方向移动，但向西移动的距离小于向东移动的距离。从南北方向判断，2013~2022 年纬度值呈现波动性变化，但考察期内乡村产业发展整体呈现向北移动。具体来看，2013~2018 年主要呈现向北方向移动，之后至 2022 年呈现向南方向移动，但向北移动的距离大于向南移动的距离。②不同阶段乡村产业发展重心空间位置有所不同。相比 2013 年，2022 年乡村产业发展重心向西移动 0.455°，移动幅度为 0.39%，向北移动 0.04°，移动幅度为 0.12%，在一定程度上说明乡村产业发展东西分布动态变化的剧烈程度略高于南北分布动态变化的。具体来看，2013 年乡村产业发展位于东经 114.457°、北纬 33.290°，2014~2017 年呈现波动移动趋势，之后的 2018~2022 年向北向东发展的趋势，至 2022 年乡村产业发展位于东经 114.002°、北纬 33.330°。随着农业发展逐步向现代农业发展，农业生产注重技术水平的提高，乡村产业也由劳动密集型逐渐向技术密集型的现代农业转变，由传统农业向多功能农业转化。③不同时间段内乡村产业发展重心移动距离存在较大差异。2013~2022 年乡村产业发展重心移动距离发生波动性变化，除 2014 年外，移动距离介于 13 千米至 70 千米之间，但 2014 年移动距离为 172.79 千米。

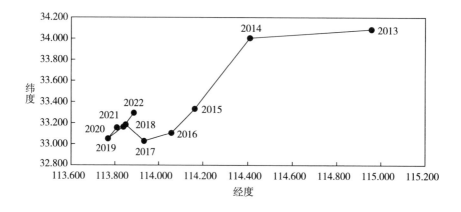

图 3-8　乡村产业发展重心的变动轨迹

从乡村数字经济重心变动看，不同阶段乡村数字经济重心不断发生移动，移动距离和移动方向存在些许差异。具体表现为：①不同时间段乡村数字经济重心移动方向有所不同。从东西方向判断，2013~2022 年经度值呈现波动性变化，但考察期乡村数字经济整体呈现为向西移动，但不同阶段有所不同。具体来看，2013~2019 年呈现向西方向移动，之后至 2022 年呈现向东方向移动。从南北方向判断，2013~2022 年纬度值呈现波动性变化，但考察期内乡村数字经济整体呈现向南移动。具体来看，2013～2017 年主要呈现向南方移动，2018 年略向北移动，之后 2019 年再次向南移动，2020～2022 年再次向北方向移动。②从乡村数字经济发展的重心空间位置分析，2013～2022 年为东经 113.768°～114.057°、北纬 33.027°～34.086°。相比 2013 年，2022 年乡村数字经济重心向西移动 1.071°，移动幅度为 0.93%，向北移动 0.791°，移动幅度为 2.32%，在一定程度上说明乡村数字经济南北分布动态变化的剧烈程度高于东西分布动态变化的。具体来看，2013 年乡村数字经济位于东经 114.957°、北纬 34.086°，至 2022 年乡村数字经济位于东经 113.886°、北纬 33.295°。③不同时间段内乡村数字经济重心移动距离存在较大差异。2014～2015 年移动距离介于 60 千米至 80 千米之间，除 2021 年外，2016～2022 年介于 10 千米至 30 千米之间，但 2021 年仅为 3.356 千米。

根据式（3-11）、式（3-12）计算乡村数字经济与乡村产业发展之间的空间重叠性和变动一致性，结果如表 3-8 所示。

表 3-8　乡村数字经济与乡村产业发展的空间重叠性和变动一致性

年份	2013	2014	2015	2016	2017	2018	2019	2020	2021	2022
空间重叠度	0.940	2.135	1.404	0.737	0.741	0.676	0.181	0.047	0.139	0.122
变动一致性	—	0.740	-0.024	-0.768	-0.004	0.973	-0.930	0.769	0.949	0.998

从空间重叠性看，意味着两者之间具有耦合协调发展关系，2013 年空间重叠性为 0.940，2014～2015 年分别为 2.135、1.404，之后的 2016～2022 年空间重叠性基本呈现下降趋势，最低的 2020 年仅为 0.047。从变动一致性看，2013～2022 年既有正值也有负值，2014 年、2018 年、2020～2022 年为正值，意味着这些年变动方向相同，其余年份变动方向相同。

为更好地分析两者之间协调度的变化，其空间位置、移动方向与移动距离的变化，根据式（3-8）、式（3-9）、式（3-10）进行计算，结果如表3-9所示。

表3-9　乡村数字经济与乡村产业发展协调度空间位置、移动方向与距离

年份	经度	纬度	移动距离	移动方向	年份	经度	纬度	移动距离	移动方向
2013	114.716	33.706	—	—	2020	113.910	33.156	11.873	向北偏东
2014	113.985	33.165	101.079	向南偏西	2021	113.962	33.181	6.327	向北偏东
2015	113.970	32.913	27.949	向西偏南	2022	113.974	33.243	7.003	向东偏北
2016	113.887	33.006	13.810	向西偏北	2013~2022	—	—	97.164	向南偏西
2017	113.917	32.913	10.865	向东偏南	2013~2018	—	—	125.479	向南偏西
2018	113.779	33.076	23.654	向西偏北	2018~2022	—	—	28.570	向北偏东
2019	113.835	33.081	6.194	向北偏东					

根据表3-9的计算结果，将2013~2022年乡村数字经济与乡村产业发展协调度的变动轨迹绘制成坐标图，以经度为横坐标，以纬度为纵坐标，变动轨迹如图3-9所示。

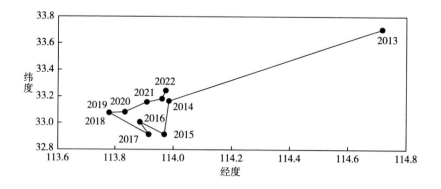

图3-9　乡村数字经济与产业发展协调度变动轨迹

从协调度经纬度变化看，2013年两者的协调度重心位于东经114.716°、

北纬 33.706°，至 2022 年位于东经 113.074°、北纬 33.243°，向西移动
0.742°，移动幅度为 0.65%，向南移动 0.463°，移动幅度为 1.37%，移动距
离为 97.164 千米；分阶段看，2013~2018 年，移动距离为 125.479 千米，呈
现向南偏西趋势，2018~2022 年，移动距离为 28.570 千米，呈现向北偏东趋
势。总之，协调度重心整体呈现向西向南移动的趋势，但不同阶段移动距离
和移动方向略有差异。从乡村数字经济与产业发展协调度变动轨迹看，除
2013 年外，2014~2022 年经度为东经 113.70°~114.00°，纬度为北纬
32.90°~33.30°，移动相对较小。

（二）空间来源差异分析

通过上文的分析可以发现，乡村数字经济与乡村产业的协调发展具有明
显的空间差异，地区发展存在不平衡现象。考虑全国乡村数字经济发展的差
异，为体现东部发达地区、中部高速发展地区和西部地区的乡村数字经济发
展特征，本部分采用 Dagum 基尼系数及分解法对全国、东中西部区域内、东
中西部地区区域间的乡村数字经济发展水平的差异及来源展开探索，并在此
基础上探寻破解区域差异的具体路径。Dagum 将总体基尼系数 G 分解为区域
内差异贡献 G_w、区域间差异贡献 G_{nb} 和超变密度贡献 G_t 三部分，且三者间关
系满足 $G=G_w+G_{nb}+G_t$，有效地避免了样本数据重复等问题（Dagum，1997）。
具体计算公式如下：

$$G = \left(\sum_{j=1}^{k} \sum_{h=1}^{k} \sum_{i=1}^{n_j} \sum_{r=1}^{n_h} \left| y_{ji} - y_{hr} \right| \right) / (2n^2 \bar{y}) \qquad (3-13)$$

$$G_{jj} = \left(\sum_{i=1}^{n_j} \sum_{r=1}^{n_j} \left| y_{ji} - y_{jr} \right| \right) / (2n_j^2 \bar{y}_j) \qquad (3-14)$$

$$G_{jh} = \left(\sum_{i=1}^{n_j} \sum_{r=1}^{n_h} \left| y_{ji} - y_{hr} \right| \right) \Big/ n_j n_h (\bar{y}_j + \bar{y}_h) \qquad (3-15)$$

$$G_w = \sum_{j=1}^{k} G_{jj} p_j s_j \qquad\qquad (3\text{-}16)$$

$$G_{nb} = \sum_{j=2}^{k} \sum_{h=1}^{j-1} G_{jh}(p_j s_h + p_h s_j) D_{jh} \qquad\qquad (3\text{-}17)$$

$$G_t = \sum_{j=2}^{k} \sum_{h=1}^{j-1} G_{jh}(p_j s_h + p_h s_j)(1 - D_{jh}) \qquad\qquad (3\text{-}18)$$

其中，$D_{jh} = (d_{jh} - p_{jh})/(d_{jh} + p_{jh})$，$p_{jh} = \int_0^\infty dF(y) \int_0^y (y - x) dF_j(x)$，$d_{jh} = \int_0^\infty dF_j(y) \int_0^y (y - x) dF_h(x)$，$k$ 和 n 分别表示划分的区域个数、区域内省份数量。y_{ji} 代表区域 j 省份 i 的指标值，y_{hr} 代表区域 h 省份 r 的指标值。$\bar{y}$ 表示所有区域的平均值。系数 G_{jj} 和 G_{jh} 分别反映了地区内部和地区之间的不平等。D_{jh} 为不同地区指标的相对影响。期望值 d_{jh} 和 p_{jh} 对应于满足条件 $y_{ij} - y_{mn} > 0$ 和 $y_{mn} - y_{ij} > 0$ 的区域内样本的数学期望，F_h 和 F_j 表示区域 h 和 j 的累积密度函数。

根据上述的计算公式，得出关于不同区域的 Dagum 基尼系数及其贡献率结果，如表 3-10 所示。

表 3-10　基于东中西部地区 Dagum 基尼系数及其贡献率结果

年份	基尼系数				贡献率（%）		
	总体	地区内	地区间	超变密度	地区内	地区间	超变密度
乡村数字经济							
2013	0.193	0.057	0.087	0.049	29.495	45.164	25.341
2014	0.152	0.048	0.040	0.065	31.305	26.089	42.606
2015	0.099	0.033	0.014	0.052	33.321	13.900	52.779
2016	0.105	0.033	0.026	0.047	31.115	24.485	44.400
2017	0.078	0.025	0.010	0.043	32.007	13.340	54.652
2018	0.079	0.023	0.033	0.023	29.246	41.814	28.940
2019	0.075	0.023	0.032	0.020	30.343	42.489	27.168
2020	0.068	0.020	0.023	0.024	29.602	34.498	35.900

续表

年份	基尼系数				贡献率（%）		
	总体	地区内	地区间	超变密度	地区内	地区间	超变密度
乡村数字经济							
2021	0.056	0.018	0.008	0.03	32.810	13.885	53.306
2022	0.055	0.017	0.015	0.023	30.495	27.464	42.041
乡村产业发展							
2013	0.316	0.097	0.130	0.090	30.617	41.042	28.341
2014	0.238	0.078	0.052	0.108	32.665	21.985	45.350
2015	0.222	0.072	0.027	0.123	32.318	12.110	55.573
2016	0.148	0.044	0.066	0.038	29.951	44.639	25.410
2017	0.148	0.048	0.020	0.080	32.600	13.549	53.851
2018	0.125	0.034	0.064	0.028	26.966	50.864	22.170
2019	0.099	0.027	0.053	0.019	27.509	53.731	18.760
2020	0.102	0.029	0.050	0.023	28.760	48.692	22.548
2021	0.115	0.036	0.048	0.032	31.050	41.488	27.462
2022	0.094	0.030	0.036	0.028	31.989	38.113	29.898
协调度							
2013	0.128	0.038	0.060	0.031	29.451	46.573	23.976
2014	0.069	0.022	0.003	0.044	32.418	3.911	63.670
2015	0.058	0.018	0.003	0.037	31.075	5.743	63.182
2016	0.033	0.010	0.012	0.011	30.172	35.481	34.347
2017	0.037	0.012	0.003	0.022	32.496	7.692	59.812
2018	0.044	0.011	0.025	0.008	24.427	56.725	18.848
2019	0.036	0.009	0.022	0.004	26.067	62.305	11.629
2020	0.032	0.010	0.012	0.010	30.368	37.756	31.876
2021	0.033	0.011	0.012	0.010	31.782	37.759	30.459
2022	0.031	0.010	0.011	0.010	31.786	35.718	32.495

　　基于东中西部地区 Dagum 基尼系数及其贡献率结果（见表 3-10），地区内差距、地区间差距及超变密度差异均为地区差距的空间来源。具体来说，从乡村数字经济的空间差异看，2013~2022 年总体基尼系数为 0.05~0.20，

其中地区内基尼系数为 0.01~0.06，地区间基尼系数为 0.01~0.09，超变密度基尼系数为 0.02~0.07。从贡献率来看，2013 年、2018 年、2019 年表现为地区间贡献率最大。其次为地区内，除此之外，其他年份均表现为超变密度贡献率最高。从乡村产业发展的空间差异看，2013~2022 年总体基尼系数为 0.09~0.32，其中地区内基尼系数为 0.02~0.10，地区间基尼系数为 0.02~0.14，超变密度基尼系数为 0.01~0.11。从贡献率来看，除 2014 年、2015 年、2017 年超变密度贡献率较高外，其余年份均表现为地区间贡献率较为突出。从两者之间的协调度空间差异看，2013~2022 年总体基尼系数为 0.01~0.07，其中除 2014 年、2015 年、2017 年超变密度贡献率较高外，其余年份均表现为地区间贡献率较为突出。由此可知，提升地区间乡村数字经济水平，促进乡村产业发展，是改善两者耦合协调发展空间差距的重要渠道。

不同地区不同变量的基尼系数变化如表 3-11 所示。

表 3-11　Dagum 基尼系数差异分解结果

年份	地区内基尼系数			地区间基尼系数		
	东部	中部	西部	东部 & 中部	东部 & 西部	中部 & 西部
乡村数字经济						
2013	0.178	0.079	0.236	0.153	0.227	0.233
2014	0.206	0.088	0.112	0.176	0.175	0.118
2015	0.106	0.075	0.101	0.095	0.106	0.094
2016	0.112	0.114	0.072	0.122	0.098	0.112
2017	0.076	0.082	0.067	0.082	0.076	0.083
2018	0.075	0.066	0.063	0.094	0.091	0.066
2019	0.082	0.063	0.056	0.076	0.089	0.070
2020	0.050	0.062	0.066	0.075	0.062	0.084
2021	0.056	0.046	0.056	0.053	0.060	0.057
2022	0.063	0.055	0.033	0.063	0.056	0.056

续表

年份	地区内基尼系数			地区间基尼系数		
	东部	中部	西部	东部 & 中部	东部 & 西部	中部 & 西部
乡村产业发展						
2013	0.274	0.339	0.261	0.342	0.335	0.323
2014	0.246	0.261	0.187	0.270	0.232	0.232
2015	0.237	0.260	0.155	0.259	0.212	0.219
2016	0.153	0.127	0.109	0.166	0.141	0.179
2017	0.142	0.158	0.131	0.159	0.141	0.159
2018	0.125	0.124	0.068	0.157	0.151	0.104
2019	0.103	0.081	0.062	0.107	0.128	0.085
2020	0.138	0.077	0.051	0.139	0.123	0.068
2021	0.134	0.050	0.115	0.128	0.135	0.094
2022	0.115	0.059	0.084	0.106	0.105	0.079
协调度						
	东部	中部	西部	东部 & 中部	东部 & 西部	中部 & 西部
2013	0.080	0.117	0.148	0.105	0.147	0.157
2014	0.057	0.084	0.064	0.074	0.063	0.077
2015	0.054	0.077	0.040	0.072	0.051	0.063
2016	0.039	0.032	0.018	0.037	0.034	0.032
2017	0.038	0.039	0.031	0.040	0.036	0.038
2018	0.039	0.044	0.019	0.058	0.056	0.036
2019	0.038	0.027	0.018	0.038	0.050	0.030
2020	0.035	0.030	0.021	0.035	0.035	0.029
2021	0.040	0.018	0.029	0.037	0.038	0.026
2022	0.040	0.022	0.022	0.036	0.036	0.023

从表3-11可以看出，东部地区的乡村数字经济基尼系数为0.05~0.21，呈现不稳定变化，相比2013年，2014年略有上升，2015~2020年基本呈现下降趋势，2021~2022年略有上升，意味着东部地区乡村数字经济的不平衡

发展呈现加速—减速—加速的趋势。中部地区乡村数字经济的变化趋势与东部地区存在一定相似性，而西部地区乡村数字经济基尼系数在考察期内呈现下降趋势，意味着乡村数字经济的不平衡趋势在不断下降，由 2013 年的 0.236 下降到 2022 年的 0.033。

根据东中西部地区之间的差距变化可知，均表现为东—西部地区之间的差距最大，中—西部地区之间差距最小。从演变趋势看，东—西部、东—中部、中—西部地区之间差距呈现先减小后增大的发展态势，东—西部、东—中部地区样本区间总体上呈减小趋势，中—西部地区样本区间总体上呈现增大趋势。以上结果表明，中国中、西部地区正逐步缩小与东部地区差距，尤其是中部地区。中、西部地区耦合协调发展差距则日益增大。因此，在缩小地区间发展差距的同时，应保持东部地区稳定发展，促进中部地区和西部地区向高度协调发展阶段迈进，着力推高区域间耦合协调发展的动态平衡点。

（三）时空演变趋势分析

1. 基于核密度估计的时间演变趋势

为更加清晰直观地展现乡村数字经济发展与乡村产业发展的绝对差异及动态演进过程，本部分采用核密度估计法从乡村数字经济和乡村产业发展水平核密度曲线的分布位置、态势、延展性等特征方面展开分析，试图总结两者的分布规律。假定 $f(x)$ 是属性 x 的密度函数，具体形式为：

$$f(x) = \frac{1}{Nh} \sum_{i=1}^{N} K\left(\frac{X_i - x}{h}\right) \tag{3-19}$$

其中，$K(x) = \frac{1}{\sqrt{2}} \exp\left(-\frac{x^2}{2}\right)$。

运用核密度估计法，对 2013~2022 年乡村产业发展与乡村数字经济水平进行核密度估计，在核密度宽带值的基础上刻画乡村产业发展与乡村数字经济水平的时序演变特征，详见表 3-12 以及图 3-10 和图 3-11。

表 3-12　基于时间趋势的核密度宽带值

项	2013 年	2014 年	2015 年	2016 年	2017 年	2018 年	2019 年	2020 年	2021 年	2022 年
乡村产业发展	0.057	0.055	0.055	0.038	0.047	0.040	0.038	0.040	0.063	0.055
乡村数字经济	0.041	0.040	0.031	0.038	0.030	0.035	0.036	0.032	0.028	0.026

注：核函数＝高斯核。

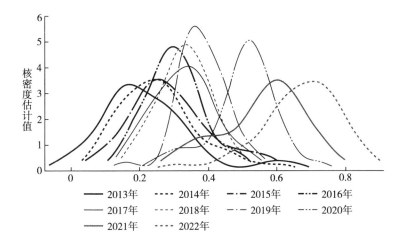

图 3-10　乡村产业发展时序动态演变特征

从乡村产业发展时序核密度年度曲线的重心位置来看，2013～2022 年重心位置向右移动，这意味着研究期内乡村产业发展水平整体呈现上升的演进特征。从核密度主峰的波峰高度看，2013～2015 年略有上升，之后的 2016～2019 年大幅上升，之后的 2020～2021 年呈现下降趋势，2022 年有所回升，这意味着乡村产业发展的水平差异呈现先缩小后扩大再缩小的趋势。从核密度的波峰数量来看，2018 年、2021 年出现主峰和次峰共存的情况，说明这两年乡村产业发展出现一定程度的两极分化格局，其余年份的波峰个数为 1 个，说明这些年份未出现两极分化的格局。从核密度曲线的左右拖尾来看，2013~2018 年右侧拖尾大于左侧拖尾，呈现右偏分布特征，这说明右侧的省份数量多于左侧，即 2013~2018 年乡村产业发展水平大于平均值的城市个数较多，2019~2022 年左侧拖尾大于右侧拖尾，呈现左偏分布的特征，这表明左侧城市的数量较右侧更多，即研究期内乡村产业发展水平值小于平均值的省份的个数更多，且低值区占比有所增加，乡村产业发展水平低值集聚分布明显。总之，乡村产业发展在整体发展水平存在差异，随着时间波动变化呈现动态变化演进特征。

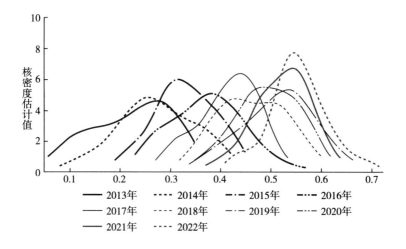

图 3-11　乡村数字经济时序动态演变特征

从乡村数字经济时序核密度年度曲线的重心位置来看，2013~2022 年重心位置向右移动，这意味着研究期内乡村数字经济水平整体呈现上升的演进特征。从核密度主峰的波峰高度来看，2013~2015 年上升，2016 年下降，2017 年回升，之后 2018 年下降，2019~2022 年回升，这意味着乡村数字经济的水平差异呈现先缩小后扩大再缩小的趋势。从核密度的波峰数量来看，2013 年、2018 年出现主峰和次峰共存的情况，说明这两年乡村数字经济出现一定程度的两极分化格局，其余年份的波峰个数为 1 个，说明这些年份未出现两极分化的格局。从核密度曲线的左右拖尾来看，2013～2018 年右侧拖尾大于左侧拖尾，呈现右偏分布特征，这说明右侧的省份数量多于左侧，即 2013～2018 年乡村产业发展水平大于平均值的城市个数较多，乡村数字经济水平低值集聚分布明显。2019～2022 年左侧拖尾与右侧拖尾相差无异，总之，乡村产业发展在整体发展水平上存在差异，随着时间波动变化呈现动态变化演进特征。

2. 基于核密度估计的空间演变趋势

运用核密度估计法，对 2013～2022 年乡村产业发展与乡村数字经济水平进行了核密度估计，在东中西部地区核密度宽带值基础上刻画乡村产业发展与乡村数字经济水平的空间演变特征，详见表 3-13 以及图 3-12 和图 3-13。

表 3-13 基于东中西部趋势的核密度宽带值

项	东部	中部	西部
乡村产业发展	0.063	0.086	0.069
乡村数字经济	0.052	0.046	0.057

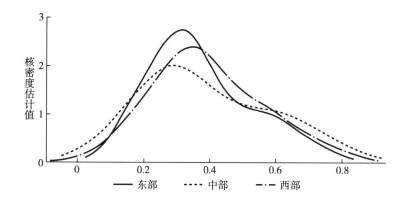

图 3-12 东中西部地区乡村产业发展空间动态演变特征

从东中西部地区乡村产业发展空间核密度年度曲线的重心位置来看，比较三地区的核密度主峰的波峰高度，呈现东部、西部、中部地区依次下降的趋势，意味着东西部地区乡村产业发展水平存在一定的差异。从核密度曲线的左右拖尾来看，东中西部地区均表现为右侧拖尾大于左侧拖尾，呈现右偏分布特征，这说明右侧的省份数量多于左侧，即研究期内乡村产业发展水平值大于平均值的省份的个数更多，且高值区占比有所增加，乡村产业发展水平高值集聚分布明显。总之，乡村产业发展在整体发展水平上存在差异，不同地区呈现动态变化演进特征。

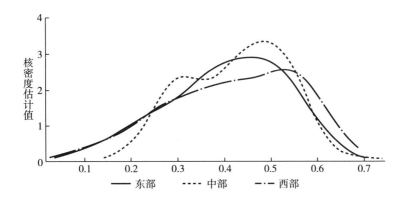

图 3-13　东中西部地区乡村数字经济空间动态演变特征

从东中西部地区乡村数字经济空间核密度年度曲线的重心位置来看，比较三地区的核密度主峰的波峰高度，呈现中部、东部、西部地区依次下降的趋势，意味着东西部地区乡村数字经济水平存在一定的差异，其中中部地区的峰值存在 2 个，意味着中部地区存在两极分化。从核密度曲线的左右拖尾来看，东中西部地区均表现为左侧拖尾大于右侧拖尾，呈现左偏分布特征，这说明左侧的省份数量多于右侧，即乡村数字经济水平小于平均值的城市个数较多，乡村数字经济水平低值集聚分布明显。总之，乡村数字经济在整体

发展水平上存在差异，不同地区呈现动态变化演进特征。

在各省份核密度宽带值基础上刻画乡村产业发展与乡村数字经济水平的空间演变特征，详见表3-14以及图3-14和图3-15。

表 3-14　基于各省份趋势的核密度宽带值

项	乡村产业发展	乡村数字经济	项	乡村产业发展	乡村数字经济	项	乡村产业发展	乡村数字经济
上海	0.085	0.099	山西	0.151	0.058	湖北	0.099	0.085
云南	0.176	0.073	广东	0.121	0.087	湖南	0.167	0.075
内蒙古	0.109	0.069	广西	0.118	0.084	甘肃	0.119	0.098
北京	0.095	0.081	新疆	0.063	0.078	福建	0.130	0.111
吉林	0.141	0.086	江苏	0.099	0.109	贵州	0.059	0.115
四川	0.146	0.122	江西	0.102	0.077	辽宁	0.148	0.046
天津	0.11	0.091	河北	0.114	0.072	重庆	0.122	0.104
宁夏	0.041	0.092	河南	0.175	0.072	陕西	0.127	0.084
安徽	0.089	0.05	浙江	0.046	0.047	青海	0.116	0.106
山东	0.111	0.049	海南	0.058	0.085	黑龙江	0.125	0.062

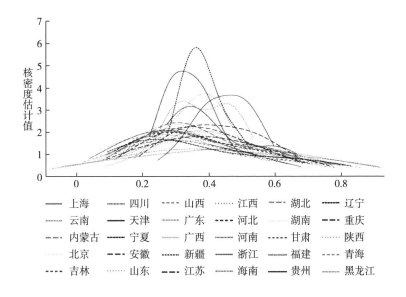

图 3-14　各省份乡村产业发展空间动态演变特征

从各省份乡村产业发展空间核密度年度曲线的重心位置来看，比较各省份的核密度主峰的波峰高度，波峰高度存在明显的差异，仅 6 省份的核密度估计值在 2.5 以上，大多数的估计值在 2.5 以下；从核密度曲线的左右拖尾分析，大多省份表现为右侧拖尾大于左侧拖尾，呈现右偏分布特征，这说明右侧的省份数量多于左侧，即研究期内乡村产业发展水平值大于平均值的省份的个数更多，且高值区占比有所增加，乡村产业发展水平高值集聚分布明显。总之，乡村产业发展在整体发展水平存在差异，不同地区呈现动态变化演进特征。

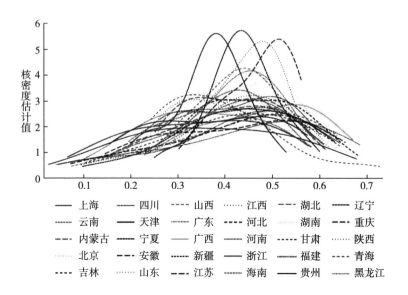

图 3-15　各省份乡村数字经济空间动态演变特征

从各省份乡村数字经济空间核密度年度曲线的重心位置来看，比较各省份的核密度主峰的波峰高度，波峰高度存在明显的差异，峰值在 2.5 以上的不足一半。从核密度曲线的左右拖尾来看，大多数省份表现为左侧拖尾大于右侧拖尾，呈现左偏分布特征，即乡村数字经济水平小于平均值的城市个数较多，乡村数字经济水平低值集聚分布明显。总之，乡村数字经济在整体发展水平存在差异，不同地区呈现动态变化演进特征，乡村数字经济发展仍较为滞后。

3. 基于 Moran's I 指数的空间演变趋势

为进一步探究中国乡村数字经济发展与乡村产业发展水平的空间分布特征，本部分采用衡量空间相关性的常用方法 Moran's I 指数展开分析。先利用全局 Moran's I 指数考察中国乡村数字经济发展与乡村产业发展水平是否存在空间集聚现象。若存在集聚现象，使用局部 Moran's I 指数详细考察中国乡村数字经济发展与乡村产业发展水平具体以何种特征进行集聚，空间集聚的演变特征又是怎样的。全局空间自相关如式（3-20）所示，局部空间自相关如式（3-21）所示。

$$I = \frac{n \sum_{i=1}^{n} \sum_{j=1}^{n} w_{ij}(x_i - \bar{x})(x_j - \bar{x})}{\sum_{i=1}^{n} \sum_{j=1}^{n} (x_i - \bar{x})^2} \tag{3-20}$$

$$I_i = \frac{(x_i - \bar{x})}{\frac{1}{n} \sum_{i=1}^{n} (x_i - \bar{x})^2} \sum_{j=1}^{n} w_{ij}(x_j - \bar{x})^2 \tag{3-21}$$

其中，w_{ij} 为空间权重矩阵的元素，且 $i \neq j$，x 表示第 i 个省份乡村数字经济与乡村产业发展的发展水平，$\bar{x}$ 为各省份乡村数字经济发展与乡村产业发展水平均值。

利用全局 Moran's I 指数计算公式，对 2013~2022 年乡村产业发展、乡村数字经济进行测算。其结果显示：2013~2022 年乡村数字经济与乡村产业发展全局 Moran's I 指数均为正值，且各年均通过显著性检验。其结果表明，考察期内乡村产业发展水平、乡村数字经济的空间分布存在显著的正向全局空间自相关，意味着乡村产业发展与乡村数字经济不仅会对相邻地区产生影响，也受到相邻地区的影响，但乡村产业发展全局自相关呈现出不断变化的螺旋演进态势，乡村数字经济的相关性则表现出整体略有下降的螺旋趋势，原因可能在于简政放权等政策的实施强化了地方政府自主权，使得各地乡村数字经济的发展主要依靠自身驱动实现，乡村产业发展需要依靠一定的资源优势，结合技术效率驱动。全局 Moran's I 指数验证了乡村产业发展水平、乡村数字经济存在全局空间正相关性，但无法验证乡村产业发展、乡村数字经济对该地区的局部空间格局特征，因此，利用局域 Moran's I 指数刻画乡村产业发展水平、乡村数字经济的局域空间格局特征。通过四个象限将局域空间格局形态划分为四类：

第一类为高—高集聚型（H—H，位于第一象限）。该类型代表本区域属性水平较高，其周围相邻城市的属性水平也相对较高，表现为"中心高，四周高"的高水平空间均衡关联集聚状态。

第二类为低—高集聚型（L—H，位于第二象限）。该类型代表本区域属性水平较低，但其周围相邻城市的属性水平相对较高，表现为"中心低，四周高"的空间非均衡关联集聚状态。

第三类为低—低集聚型（L—L，位于第三象限）。该类型代表本区域属性水平较低，其周围相邻城市的属性水平也相对较低，表现为"中心低，四周低"的低水平空间均衡关联集聚状态。

第四类为高—低集聚型（H—L，位于第四象限）。该类型代表本区域其属性水平相对较高，但是其周围相邻城市的属性水平相对较低，表现为"中心高，四周低"的空间非均衡关联集聚状态。

本书绘制 2013 年、2016 年、2019 年、2022 年乡村产业发展水平、乡村数字经济的局域 Moran's I 指数散点图（见图 3-16、图 3-17、图 3-18 和图 3-19）。

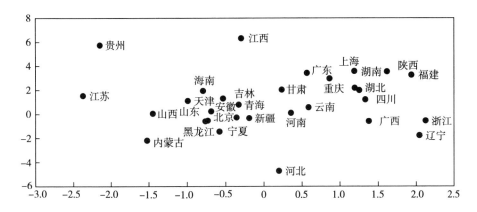

图 3-16 2013 年乡村产业发展 Moran 散点图

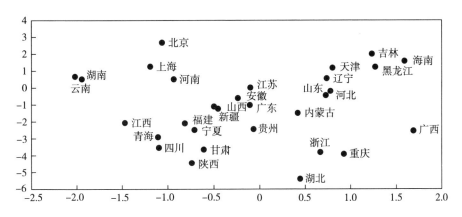

图 3-17 2016 年乡村产业发展 Moran 散点图

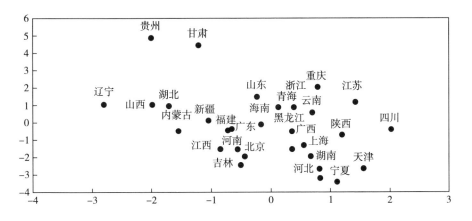

图 3-18 2019 年乡村产业发展 Moran 散点图

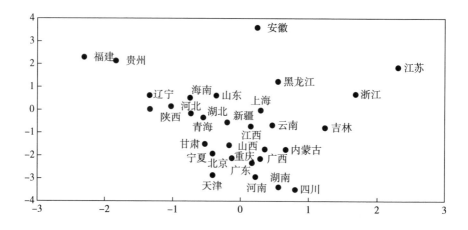

图 3-19 2022 年乡村产业发展 Moran 散点图

乡村产业发展在各阶段均存在一定程度上的局部空间集聚现象，扩散互溢区和低速增长区两种空间分异特征占据该地区乡村产业发展演变的主导；乡村产业发展的整体水平形成了低低集聚、高高集聚向低低集聚、高低集聚转化，大体上呈现由东向西逐级递减的阶梯状分布格局。由图 3-16 至图 3-19 可知，乡村产业发展在很大程度上从空间邻近同向效应向空间邻近异向效应转变，当乡村产业发展程度较低，乡村产业发展的溢出效应呈现弱者恒弱、强者恒强的空间集聚格局，主要是缘于当乡村产业的发展水平相对较低时，主要依靠其资源优势，特别是自然资源优势，同时相邻地区在经济、社会、文化等方面可能具有很高的相似度，并且空间距离近，运输成本、信息获取成本等相对较低，导致相邻地区存在较大程度的关联性。随着乡村产业的发展，乡村产业不再仅仅是依靠自然资源优势，技术水平、创新能力等成为驱动产业发展的重要驱动力，虽然这些因素也具有一定的溢出效应，但需要一定时间，这就导致部分地区呈现高低集聚。

本书绘制 2013 年、2016 年、2019 年、2022 年乡村数字经济的局域 Moran's I 指数散点图（见图 3-20、图 3-21、图 3-22 和图 3-23）。

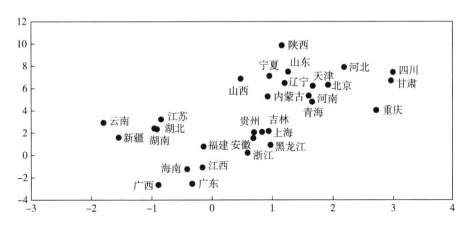

图 3-20　2013 年乡村数字经济 Moran 散点图

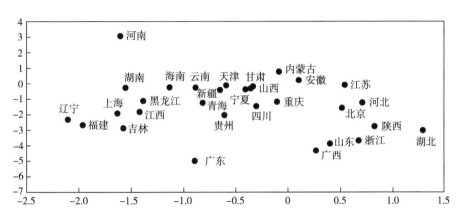

图 3-21　2016 年乡村数字经济 Moran 散点图

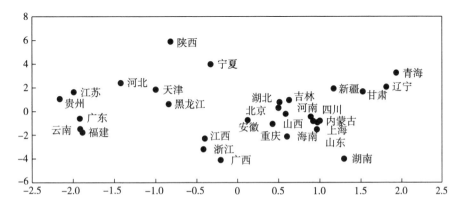

图 3-22　2019 年乡村数字经济 Moran 散点图

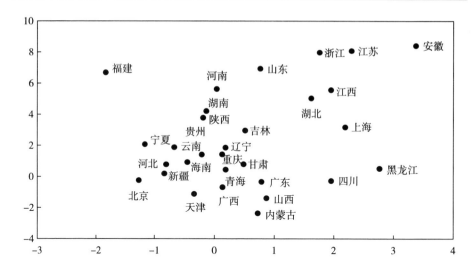

图 3-23 2022 年乡村数字经济 Moran 散点图

乡村数字经济在各阶段均存在一定程度上的局部空间集聚现象，扩散互溢区和高速增长区两种空间分异特征占据该地区乡村数字经济演变的主导；乡村数字经济的整体水平由 2013 年的低低集聚、高高集聚转向 2016 年的低低集聚、高低集聚再转向 2019 年的高低集聚、高高集聚，最后转向 2022 年的高高集聚，在空间上大致呈现由东向西逐级递减的阶梯状分布格局。由此不难发现，乡村数字经济水平存在较大程度上的空间邻近同向效应，虽然在乡村数字经济发展变化过程中，部分年份存在一定的异向效应，但整体呈现同向效应。从乡村数字经济发展看，数字经济主要涉及产业数字化与数字产业化两方面，其中数字产业化涉及数字化的技术、产品、服务，产业数字化涉及生产数量与效率提升。随着经济、技术的不断发展，乡村数字经济形成了地理上的空间溢出效应，且这种溢出效应在不断增强，这一结果也表明，研究期内乡村数字经济空间格局中低水平集聚状态正在朝高水平集聚状态的方向发展。

五、本章小结

随着数字经济时代的来临，以及其所带来的社会生产力的提高、信息资源的不断发展，人们在此过程中的信息生产、消费、传输等活动之中产生了新颖而又多样的经济关系。数字经济发展速度之快、辐射范围之广、影响程度之深前所未有，正推动生产方式、生活方式和治理方式深刻变革，成为重组全球要素资源、重塑全球经济结构、改变全球竞争格局的关键力量。数字经济发展产生显著的规模效应、范围效应、创新效应和集聚效应，其中规模经济体现为生产成本降低，范围经济体现为经济效益增加，创新效应体现为技术创新突破，集聚效应体现为要素集聚、人才集聚和资源聚集。本章从数字经济与乡村产业发展的典型事实出发，通过构建数字经济指标体系和乡村产业发展指标体系对两者的现状进行分析，对全国乡村数字化发展水平的区域差异进行分析，运用2013~2022年的数据，通过熵权法对乡村数字经济与乡村产业发展测度的基础上，运用耦合协调模型验证乡村数字经济与乡村产业发展之间的协调效应，运用重心分析法和Dagum基尼系数揭示两者之间的空间演变，运用核密度估计和Moran's I指数，对数字经济与乡村产业发展的时空演变进行分析。得出如下结论：

第一，随着数字经济的发展，考察期内乡村数字经济水平均逐步提高，且表现出区域差异性。2013~2022年东部、中部、西部地区数字经济均呈现波动性上升趋势，并表现为东部地区的乡村数字经济高于中西部地区，但西部地区的上升趋势最为明显。从各省份乡村数字经济水平来看，考察期内大多数省份乡村数字经济呈现上升趋势，但上升幅度有所不同，仅个别省份略有下降，同时不同省份之间乡村数字经济也存在明显差异。

第二，2013~2022年乡村产业发展基本呈现上升趋势，东中西部地区的乡村产业发展水平比较，由东、中、西部递减趋势向中、西、东部递减趋势转变，不同省份的乡村产业发展水平也由东部地区的江苏、浙江等向中西部地区的河南、湖南、云南等转变。

第三，2013~2022年乡村数字经济与乡村产业发展均处于高水平耦合阶段，无论东中西部地区，还是各省份均是如此，甚至部分省份接近良性耦合共振。基于协调度的分析，可知两者之间的协调度呈现上升趋势，且存在一定的差异，但至2022年东中西部地区均属于中度协调阶段。

第四，从空间分布格局来看，乡村数字经济、乡村产业发展及两者之间协调发展的空间区位分布较为稳定，呈现偏西南走势，重心缓慢向南部沿海、西部地区迁移。从区域差异来源来看，地区间差异是区域总体差异的主要来源，其中东—西部差异最为突出，地区内差异以东部地区内部差异最为突出，并在2018年之后呈现上升的趋势。从局部相关性来看，以低低集聚和高高集聚为主，地区之间存在一定的空间相关性。

随着数字经济发展的不断推进，乡村数字经济赋能产业转型升级的作用越来越明显，新产业、新业态、新模式不断形成，从数字视域提出提高农村产业融合发展水平的建议符合现实需求。一是东中西部地区分区施策，加速新产业、新业态、新模式发展。相对中部、西部地区，东部地区占据科技、人才和资本优势，数字经济发展较快。中部、西部地区应提高数字技术水平，加强数字化与乡村产业发展的协同作用，重视区域间的乡村数字经济和乡村产业发展的差异，实施异质性发展政策，提升乡村数字经济与乡村产业发展水平。二是夯实数字基础，推进产业转型升级。作为一种新型高级要素，需要进一步夯实基础，培育数字技术等新兴要素在农村经济发展中的应用，提高数字效率水平，加强数字产品与服务。随着数字经济规模的不断扩大，数字化在农村经济中的应用也在不断推进，培育乡村产业发展的新动能，特别是中西部地区更应如此。三是发挥南部沿海等高水平地区的示范带动作用。积极推动南部沿海等地区的乡村数字经济与乡村产业发展的耦合协调效应，总结南部沿海等地区实现高质量耦合协调发展的经验，打造全国先行先试示范区，探索区域内形成高质量耦合协调发展的优先发展模式。西部地区地方政府应加快地区数字化转型。中部地区应继续发挥其城市成本优势，吸引东部地区高技术企业转移，并积极完善企业进入退出的市场化机制，从而继续缩小东、中部地区之间的耦合协调发展差距。四是乡村数字经济与乡村产业协调发展的增长路径。东部地区应搭建各省份之间数字化共享平台，加强对相对弱势省份的数字经济的扶持力度。中部地区应依据其产业基础和资源，培育和引进与生产力相适应的乡村数字产业，打造乡村产业协调发展的增长极。在产业积累相对薄弱的现阶段，西部地区应打造区域内实现耦合协调发展的高质量样本，优先推动区域内部分省份实现高度耦合协调发展。

第❹章
数字经济对乡村产业发展的影响研究

本章在第三章现状分析与时空演变分析的基础上，围绕数字经济对乡村产业发展的影响进行实证分析，重点聚焦以下两个方面：

一方面，从理论角度分析数字经济对乡村产业发展的影响机理。首先，构建数字经济推动乡村产业发展的逻辑框架，分别从资源要素层面、市场层面、产业层面分析数字经济如何促进乡村产业发展；其次，针对数字经济推动乡村产业发展的一般机理进行分析，围绕数字化如何推动农业科技现代化、如何助推乡村产业结构转型升级、如何赋能乡村产业融合发展、如何助力乡村产业高质量发展进行。

另一方面，就数字经济对乡村产业发展进行实证分析。首先，根据上述的机理，构建一般面板模型和空间计量模型，并对所涉及的变量进行解释说明，阐述样本的选择与数据来源；其次，运用相关数据就数字经济对乡村产业发展的直接影响与空间效应进行实证分析，并在此基础上进行内生性检验与稳健性检验；最后，得出本章的主要结论与政策建议。

一、机理分析

（一）数字经济推动乡村产业发展的逻辑框架

数字经济作为驱动乡村经济发展的重要动能，其高技术性、高融合性、高渗透性等比较优势极大地促进了农业产业的融合发展，逐渐成为乡村产业振兴的动力。随着数字经济与实体经济的深度融合，数字经济在不同层面赋能乡村产业升级，催生出多种新产业、新业态、新模式，特别是数字技术在农业领域的广泛应用，加速了现代产业要素与乡村传统产业的深化融合，促使乡村产业朝着高质量、高效率的方向发展。

从资源要素层面看，数字作为一种新型现代要素，数字技术提升了相关农业经营主体的信息获取能力，更能及时了解与掌控农产品需求和市场价格（刘洋，2023），数字经济利用机械化、自动化可以提高农产品生产效率，实现农产品增产（钟真，2021），还能享受数字金融的支持，解决经营中资金短缺的问题（许玉韫、张龙耀，2020）。由此可见，数字经济有助于资源要素优化配置，提高资源要素配置能力，充分发挥数字经济在农业生产过程中的应用，对于提升农业生产效率，具有积极的重要作用。

从市场层面看，多层次市场的有效对接是实现乡村产业发展的重要方式，特别是数字化的广泛应用为产品销售和物流运输等提供更多的便利，能够有效驱动农产品与大市场进行对接，极大地促进农产品的销售和流通，提升交易效率，拓展市场销售渠道（李宁、李增元，2022），有效减少传统农产品流通模式中存在的流通环节多、成本高、损耗大等问题，保障农产品的顺利流通，加速不同市场的相互对接，提升交易效率，特别是对于部分冷鲜类农产品，能够更好保障品质，有效带动农民增收。

从产业层面看，乡村产业发展必须进行智能化升级，乡村数字经济的发展促使大批返乡人员及新型农业从业者获得数字红利，通过不同层次的互联网平台发展新型数字化产业，促进乡村产业链纵横向延伸，吸引投资者更多地向农业投资，数字经济为乡村产业发展带来切切实实的效益，促进农村繁荣发展，提升农民收入，促进农业增效。

总之，数字经济作为一种新型的生产力，是乡村产业发展的基础。通过数字赋能，激活乡村发展的内在动力与活力，驱动乡村产业发展。数字经济从不同角度助力乡村产业发展，为乡村产业发展奠定基础（见图4-1）。

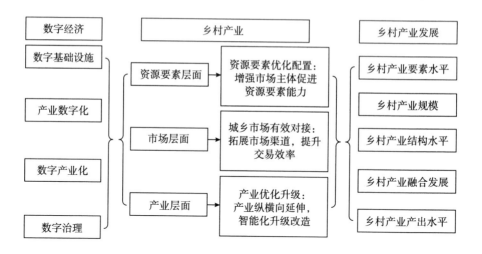

图4-1 数字经济推动乡村产业发展的逻辑框架

资料来源：笔者整理。

（二）数字经济推动乡村产业发展的一般机理

1. 数字化推动农业科技现代化

数字化在乡村的广泛应用为乡村产业发展带去了新的动能。农业科技作为产业振兴的加速器，2022 年全国农业科技进步贡献率达 62.4%，数字化技术的支撑使得农业综合生产能力进一步提升。乡村产业振兴离不开农业科技现代化，农业科技现代化与数字技术密不可分，数字化和产业的深度融合是乡村产业振兴的重要抓手。数字化驱动的智慧农业快速发展，农业产业数字化进程加快，2021 年农业生产信息化率达 25.4%，数字育种、智慧农机、智慧农场等数字化生产模式遍地开花。"数商兴农"以数字经济改变农村传统生产生活方式，促进农产品和工业品双向流通、电商基础设施不断加强，2022 年全国农村网络零售额达 2.17 万亿元，农村电商市场大有可为。①

农业科技现代化贯穿种业种源、品种创新和产业融合等部分，聚焦农业科技关键领域，为乡村产业数字化提供新动能。农业科技现代化，种子是基础，种业安全是粮食安全的重要保障，利用种业大数据平台从品种选取、良种推广到种业科技实现全方位现代化、自主化，夯实粮食安全的根基；农业科技现代化，关键在科技进步，以科技创新重要农产品品种，提高农产品附加值，实现农业领域的高水平自给自足、自立自强，数字化可以提升科技创新能力，实现农业产业化，夯实现代农业基础；农业科技现代化，三产融合是发展方向，将农业生产加工和农产品市场服务、小农户和乡村产业、大中小企业和特色经济深度融合，数字化为乡村产业融合、农业科技成果转化和商业模式创新提供平台，促进农村一、二、三产业协同发展。

2. 数字化助推乡村产业结构转型升级

"数商兴农"工程作为数字化技术的具体实施，将传统分散化、小型化、原始化的生产生活方式在数字赋能下逐渐转变为规模化、数字化、可追溯化

---

① 以数字化赋能乡村产业振兴［EB/OL］. 人民数据［2023 - 12 - 14］. https：//baijiahao. baidu. com/s？id = 1785223421515646583&wfr = spider&for = pc.

的生产生活方式。"数商兴农"促进农村产业链数字化转型升级。数字商务打通了从"田间地头"到"百姓餐桌"的全产业链，通过构建加工厂、仓储、物流、电商平台一体的生态循环圈，提供产品产购销一条龙服务，打破信息壁垒和市场藩篱，促进产业模式再造，实现生产者和消费者双向溯源，为乡村振兴夯实了产业支撑。通过数字化贸易、提高产业附加值、形成新兴产业、重塑产业需求端等途径，特别是在产品深加工的基础上，借助电商平台转变用户消费习惯，实现"土特产"到"金名片"的转型；"数商"是手段，"兴农"是目的，依托数字技术和互联网大数据的发展帮助农民实现生计模式的创新转换，同时促进了县域经济的快速发展。

3. 数字化赋能乡村产业融合发展

农民是乡村振兴的主体，以数字文旅重塑农民主体意识，将乡村、农民、游客三者有效衔接。数字文旅以数据要素引领产业融合，改善乡村地区"以农为主"的单一化产业结构，庭院经济以"庭院+休息"的模式，利用屋前屋后闲置土地资源，挖掘庭院增收潜力，发展特色农家乐和种植养殖，打造"一村一品"，辐射带动乡村地区经济、社会、生态、文明的全面提升，是乡村产业振兴的重要抓手；数字文旅整合乡村文旅资源，深度挖掘文化脉络，以文塑旅、以旅彰文。利用数字技术对乡村沿线特色文化、民间技艺、历史遗迹、田园风光等 IP 资源进行数字化整合、开发与呈现，让数字化成为乡村文化呈现和输出的新载体；数字文旅使乡村产业更加多元，是农村一、二、三产业协同推进的直接体现。依托数字化文旅平台分析乡村资源优势，开展研学教育、田园养生、亲子体验、拓展训练、民宿康养等不同类型不同赛道的文旅服务，营造多元化特色化数字融合应用场景。

4. 数字化助力乡村产业高质量发展

智慧农业是融合多学科、多领域的一种高效、优质、低耗的精准生产模式，以数字技术为依托的智慧农业可以大幅提升科技进步贡献率；以数字技术为依托的智慧农业改变农业发展方式，为农业发展带来新技术、新理念、新模式、新场景、新业态；以数字技术为依托的智慧农业激发产业振兴活力，让更多农民享受数字化发展红利，在"稻菜轮种、稻螺共生""无人农场""智慧种田"等新种养模式下，在充分利用土地效益的同时实现农业生态链绿色循环，激活农业高质量发展潜力。

二、模型构建与变量说明

有关数字经济与乡村产业发展之间关系的实证模型，主要采用双固定效应模型（刘帅，2021）、多期DID模型（熊春林等，2021）等定量分析模型，这些模型能够考虑政策实施点、区域异质性等问题，也有部分研究采取案例分析法（曲甜、黄蔓雯，2021）、理论方法（阮俊虎等，2020）等，这些方法与个人的主观能力判断有关，根据所需研究的目的不同，每种方法都有其优劣势。

本章在选择研究方法时更倾向于构建实证分析模型进行定量分析。对于定量分析方法，目前的研究已采用多种方法，如中介变量分析法、调节效应分析方法等，为本部分的研究奠定了基础，但多数研究主要聚焦于对数字经济与乡村产业发展进行一般性探讨，针对数字经济与乡村产业发展之间关系的具体分析仍较为薄弱。本部分将结合数字经济与乡村产业发展之间的逻辑框架与内在机理，构建定量分析模型，分析数字经济如何促进乡村产业发展。

（一）模型构建

由第三章对于数字经济与乡村产业发展的统计分析可以初步判断，两者之间的变化趋势存在一定的一致性，从协同性来看，两者之间存在高度相关性，数字经济对乡村产业发展起到重要的作用。依据乡村产业发展的内涵与影响因素，乡村的发展与要素的投入、效率等相关，要素投入的多少在一定程度上会影响产业规模的大小，数字经济的发展对于传统要素效率的改善具有促进作用。乡村三次产业发展过程中要素具有同质性，要素同质性是产业融合发展的基础，同时要素也具有异质性，要素的异质性决定三产发展的水平和质量，高质量的产业发展既要考虑要素的同质性，也要把握要素的异质性。数字经济作为高级要素所具有的强能量密集度，推进要素结构从低效向高效转变，实现要素流向升级，促进产业结构升级。

1. 一般面板模型

为验证乡村数字经济是否推动乡村产业发展，本部分构建如下的线性基准模型验证数字经济如何赋能乡村产业发展，在这里乡村产业发展不仅考虑了产业规模的扩大，还考虑了产业结构升级、产业融合等问题。

$$Y_{it} = \alpha_0 + \alpha_1 D_{it} + \beta_j X_{it} + \varepsilon_{i,t} \tag{4-1}$$

其中，Y_{it} 为乡村产业发展，D_{it} 为数字经济，X_{it} 为控制变量，$\varepsilon_{i,t}$ 为随机误差项，i 代表区域，t 为年份。

2. 空间计量模型

在空间相关的情况下，为避免普通最小二乘法估计的有偏性和不一致性，往往采用极大似然估计法或两阶段最小二乘法，本书分析空间计量模型采用空间滞后模型，其表达式为：

$$Y_{it} = \alpha_0 + \rho_{it} W Y_{it} + \alpha_1 D_{it} + \beta_j X_{it} + \varepsilon_{i,t} \tag{4-2}$$

其中，W 为空间相邻矩阵。

（二）变量解释与说明

乡村数字经济对乡村产业发展产生重要影响，除此之外，乡村产业发展还受到其他因素影响，如农业制度相对滞后，作为资源禀赋较强的产业资源硬性约束突出，技术创新能力不足，产业集群发展缓慢等，这些因素都将影响农业发展，特别是绿色发展背景下，有机农业、智慧农业等新型农业发展逐步形成，在绿色农业引导下，环境保护、农田水利设施等对农业发展产生重要影响，尤以水利基础设施建设最为突出。为提高研究可靠性，文章选取一系列控制变量，包括金融环境、城镇化率、贸易开放度、财政支农水平、农村人力资本等。

本部分选取的主要变量及其衡量方法详见表4-1，变量的衡量均采用相对指标，这样能够更好地保证数据的可靠性和稳定性。

表4-1　主要变量及衡量方法

变量	变量符号	替代变量	具体衡量方法
乡村产业发展	Y	综合水平	通过构建的指标体系计算得到
乡村数字经济	D	综合水平	通过构建的指标体系计算得到
金融环境	CF	农业信贷水平	农林牧渔业贷款与涉农贷款之比
城镇化率	UR	人口城镇化率	城镇人口与常住人口之比
贸易开放度	OP	农产品出口比	农产品出口额与出口额比
财政支农力度	FS	财政支农强度	财政支农支出与财政支出之比
农村人力资本	HC	人均受教育年限	农村人口平均受教育年限的对数

资料来源：笔者整理。

（三）样本选择与数据来源

本章选取 2013~2022 年全国东中西部地区的面板数据进行分析，其中乡村数字经济与乡村产业发展数据主要来源于《中国统计年鉴》（2014~2023 年），部分来源于《中国农村统计年鉴》、各省份的统计年鉴及国家统计局官方网站。由于西藏的数据存在太多缺失，故样本将西藏剔除。控制变量中金融环境、城镇化率、贸易开放度、财政支农水平、农村人力资本的核算数据均来自《中国统计年鉴》《中国农村统计年鉴》《中国人口和就业统计年鉴》等。农林牧渔业贷款数据主要来源于《中国金融年鉴》，部分数据来源于《中国农村金融服务报告》。

三、实证分析与讨论

（一）数字经济对乡村产业发展的影响分析

首先，采用 2013~2022 年数据对方程（4-2）进行回归，结果如表 4-2 所示，由此可以看出，乡村数字经济对乡村产业发展的影响系数为正，并通过了 1% 的显著性统计检验，说明数字经济对乡村产业发展具有促进作用，这与初步判断的结果一致。随着数字水平的提高，机械化生产的推广和应用，从事农业生产的劳动力出现减少，大量的劳动力得以解放，而数字技术水平的提高，设施农业、数字农业等不同形态的出现，这些需要更高素质、更好技术水平的劳动力，来提高农业生产效率，侧面验证了随着技术水平的提高，资本利用效率有所提高，这对改善乡村产业发展水平具有重要的推动作用。

表 4-2　乡村数字经济对乡村产业发展的影响

	全国	东部地区	中部地区	西部地区
截距	−0.102 (−1.062)	−0.108 (−0.388)	−0.645* (−2.611)	−0.004 (−0.023)
乡村数字 经济	0.683** (9.654)	0.262** (2.626)	0.830** (4.480)	0.770** (6.570)
控制变量	含	含	含	含
R^2	0.341	0.411	0.527	0.461
R^2（within)	0.408	0.468	0.582	0.499
样本量	300	110	80	110
检验	$F(6,293)=25.252$, $p=0.000$	$F(6,103)=11.954$, $p=0.000$	$F(6,73)=13.574$, $p=0.000$	$F(6,103)=14.676$, $p=0.000$

注：因变量=乡村产业发展，括号里面为 t 值，$**$、$*$ 分别为 1%、5% 的显著性。

　　其次，考虑到不同地区数字经济的影响存在异质性，本书将从东中西部地区进行分析。根据表 4-2 中的数据，东部、中部、西部地区数字经济对乡村产业发展产生正向影响，意味着随着数字经济水平的提高与规模的扩大，数字化程度的加深，乡村产业发展将进一步深化，进一步说明数字经济对乡村产业发展的影响并未因区域的不同而变化，但东部、中部、西部地区的比较回归系数却存在较大差异，数字经济对中部地区的乡村产业发展影响较为突出，西部地区次之，东部地区相对较弱，可能的原因是东部地区主要以制造业、服务业为主，农业发展基础相对较弱，数字经济在东部地区的起步虽然较早，但主要作用于制造业、服务业，相比东部地区，中部则有所不同，农业在中部地区所占比重远超东部地区，农业产业结构、布局均具有一定优势，有利于农业质量竞争力提升，农业崛起成为中部崛起的重要支撑，数字经济的引入更快的加速农业发展，促进乡村产业更好的发展。西部地区受气候等自然因素的影响，特色农业发展较为迅速，数字经济的引入进一步加快农业的精准性，推动乡村产业快速发展。

（二）数字经济对乡村产业发展的空间效应

为客观揭示各省份乡村数字经济与乡村产业发展的关系，实证检验过程中空间溢出因素，即区域之间的空间相关性必须考虑，借助于 2013~2022 年中国 30 个省份的主要变量，利用空间滞后模型就乡村数字经济和乡村产业发展之间的关系进行实证分析，其结果如表 4-3 所示。

表 4-3　乡村数字经济对乡村产业发展的空间效应

	全国	东部地区	中部地区	西部地区
常数	-0.293^* (-2.568)	0.257 (0.365)	-0.693^* (-2.565)	-0.037 (-0.103)
乡村数字经济	0.675^{**} (9.693)	0.262^* (2.463)	0.836^{**} (5.433)	0.769^{**} (6.234)
控制变量	含	含	含	含
Wy（因变量空间滞后变量）	0.394^* (2.063)	0.984^* (5.67)	0.116^* (2.96)	0.083 (0.099)
样本量 n	300	110	80	110
R^2	0.348	0.412	0.528	0.461
调整 R^2	0.332	0.382	0.523	0.461

注：**、* 分别为 1%、5% 的显著性检验。

实证结果显示，从全国层面看，空间自回归系数为 0.394，通过 5% 的显著性检验，符合空间自回归系数的条件，表明乡村数字经济发展不仅促进自身乡村产业发展，而且辐射和促进邻近地区的乡村产业发展。针对东中西部地区的分析结果也是如此，从东中西部结果看，东部地区、中部地区的空间自回归系数分别为 0.984、0.116，且通过显著性检验，西部地区的空间自相关系数为 0.083，但未通过显著性检验。西部地区的数字经济发展水平相对滞后，对周边地区的影响相对较小，因此西部地区的空间效应并不明显。

（三）内生性检验和稳健性检验

1. 内生性检验

考虑乡村数字经济与乡村产业发展之间可能存在相互因果关系，为避免内生性问题对结果稳健性的影响，本章将选取村庄道路硬化率作为工具变量。一方面，这一工具变量不会直接影响乡村产业发展，符合工具变量的排他性要求；另一方面，其分别是乡村数字经济与产业发展的基础，符合工具变量的相关性要求。在此基础上，借助两阶段最小二乘法展开回归检验，结果如表 4-4 所示。在考虑内生性的情况下，乡村数字经济仍对乡村产业发展起到显著促进作用，结果仍稳健可信。

表 4-4　GMM 估计结果

	非标准化系数		t	p	R^2	调整 R^2	Wald χ^2
	系数	标准误					
常数	−0.577	0.275	−2.099	0.036*			$\chi^2(6) = 76.579$,
乡村数字经济	1.635	1.407	1.162	0.245	0.405	0.357	$p = 0.000$
控制变量	含	含	—	—			

2. 稳健性检验

为检验乡村数字经济对乡村产业发展的稳健性，采用剔除直辖市和分位数检验两种方法进行。

（1）剔除直辖市。考虑直辖市在基础设施、资源禀赋等方面存在一定的优势，对结果的准确性可能造成一定的影响，因此通过剔除四个直辖市样本的方式重新回归，结果如表 4-5 所示。其中，乡村数字经济对乡村产业发展的系数仍显著为正，与上述的基准结果一致，说明研究结论具备稳健性。

表 4-5　乡村数字经济对乡村产业发展的影响

项	系数	标准误	t	p	95% CI
截距	-0.045	0.089	-0.502	0.616	-0.220~0.130
乡村数字经济	0.765	0.102	7.503	0.000**	0.565~0.965
控制变量	含	含			

$F(6,253) = 21.100$, $p = 0.000$

$R^2 = 0.385$, R^2（within）$= 0.437$

* 表示 $p<0.05$，** 表示 $p<0.01$

（2）分位数检验。为验证模型是否稳健，本章将选取分位数模型进行，分位数回归法主要利用解释变量的分位数来分析被解释变量的不同分位数方程，相比一般回归方法，分位数回归的优势在于对因变量的正态性分布没有要求，同时对于异常值具有稳健性，不需要考虑异方差问题，可以更加准确地描述自变量对因变量变化的影响，具体方法如下：

记累积分布函数为 $F_{y|x}(\cdot)$，总体分位数 q 记为 y_q，满足以下定义：

$$q = F_{y|x}(y_q) \tag{4-3}$$

由于条件分布 $y|x$ 的总体 q 分位数 y_q 依赖于 x，因此写成 $y_q(x)$，叫作条件分位函数，当扰动项满足同方差假定或者异方差形式，此时 $y_q(x)$ 是 x 的线性函数，即：

$$y_q(x_i) = x'_i \beta_q \tag{4-4}$$

其中，β_q 称为 "q 分位数回归系数"，不同 q 分位数能得到不同函数，取值从 0 到 1。有关分位数，将选取 0.25、0.50、0.75，验证数字经济对乡村产业发展的影响是否具有稳定性。根据上述的分位数计算方法，所得结果如表 4-6 所示。

表4-6　分位数模型结果

	全国			东部地区		
	分位数0.25	分位数0.50	分位数0.75	分位数0.25	分位数0.50	分位数0.75
常数	−0.215 (−1.920)	−0.183 (−1.454)	0.027 (0.162)	−0.301 (−0.975)	−0.165 (−0.560)	−0.067 (−0.187)
乡村数字经济	0.615** (8.676)	0.721** (7.796)	0.816** (6.332)	0.242** (2.784)	0.332** (3.162)	0.223 (1.218)
控制变量	含	含	含	含	含	含
样本量	300	300	300	110	110	110
R^2	0.197	0.188	0.222	0.202	0.267	0.297
	中部地区			西部地区		
	分位数0.25	分位数0.50	分位数0.75	分位数0.25	分位数0.50	分位数0.75
常数	−0.937* (−2.571)	−0.626* (−2.027)	−0.416 (−1.394)	−0.376 (−1.819)	−0.237 (−1.029)	0.624* (2.233)
乡村数字经济	0.321 (1.284)	0.746** (3.215)	1.324** (5.567)	0.578** (4.096)	0.771** (5.234)	1.072** (6.193)
控制变量	含	含	含	含	含	含
样本量	80	80	80	110	110	110
R^2	0.301	0.343	0.403	0.326	0.280	0.281

从分位数结果来看，分位数0.25、0.50、0.75乡村数字经济对乡村产业发展均呈现正向影响，随着分位数的增加，乡村数字经济对乡村产业发展的影响程度也在增加。也就是说，当乡村产业发展水平较低时，乡村产业发展受乡村数字经济的影响程度有限，而乡村产业发展水平较高时，乡村产业发展受乡村数字经济的影响程度较大。因此，从全面层面来看乡村数字经济对乡村产业的影响是稳健的。

从东中西部地区的分位数结果来看，不同分位数下乡村数字经济对乡村产业发展的影响程度不同。从东部地区的数据来看，当分位数为0.25时，乡村数字经济对乡村产业发展的影响系数仅为0.242；当分位数为0.50时，乡村数字经济对乡村产业发展的影响系数为0.332；当分位数为0.75时，乡村数字经济对乡村产业发展的影响系数为 0.223。这从一定程度上说明，当乡村产业发展达到一定程度后，乡村数字经济对乡村产业发展的影响在减弱。

中部地区不同分位点下数字经济对乡村产业发展均产生正向影响，影响程度高于东部地区，当分位点数 0.25 时，乡村数字经济对乡村产业发展的影响系数仅为 0.321，并未通过显著性检验；当分位数为 0.50 时，乡村数字经济对乡村产业发展的影响系数为 0.746；当分位数为 0.75 时，数字经济对乡村产业发展的影响系数为 1.324。由此可见，随着分位数的增加，中部地区乡村数字经济对乡村产业发展的影响程度也在增加。

西部地区乡村数字经济对乡村产业发展产生正向显著影响，随着乡村产业发展，数字经济对乡村产业发展的影响在不断增强。当分位数为 0.25 时，乡村数字经济对乡村产业发展的影响系数仅为 0.578；当分位数为 0.50 时，乡村数字经济对乡村产业发展的影响系数为 0.771；当分位数为 0.75 时，乡村数字经济对乡村产业发展的影响系数为 1.072。由此可见，随着分位数的增加，西部地区乡村数字经济对乡村产业发展的影响程度也在增加。

四、本章小结

（一）研究结论

本章从乡村数字经济推动乡村产业发展的逻辑框架和一般机理出发，运用 2013~2022 年的数据，通过熵权法对乡村数字经济、乡村产业发展水平综合测度的基础上，运用耦合协调模型验证乡村数字经济与乡村产业发展之间的协调效应，通过 GMM 面板模型和分位数模型探讨不同区域数字经济对乡村产业发展的影响，得出如下结论：

（1）乡村数字经济能够促进乡村产业的发展，对乡村产业发展产生积极的影响，但各地区的影响程度有所不同。东部、中部、西部地区乡村数字经济对乡村产业的发展产生正向影响，意味着随着乡村数字经济水平的提高，数字化程度的加深，乡村产业发展将进一步深化，进一步说明乡村数字经济对乡村产业发展的影响并未因区域的不同而变化，但东部、中部、西部地区的比较回归系数却存在较大差异，乡村数字经济对中部地区的乡村产业发展影响较为突出，西部地区次之，东部地区相对较弱。

（2）从全国层面来看，空间自回归系数为 0.394，通过 5% 的显著性检验，符合空间自回归系数的条件，表明乡村数字经济发展不仅促进自身乡村产业发展，而且辐射和促进临近地区的乡村产业发展。针对东中西部地区的分析结果也是如此，从东中西部结果来看，东部地区、中部地区的空间自回归系数分别为 0.984、0.116，且通过显著性检验，西部地区的空间自相关系数为 0.083，但未通过显著性检验。

（3）从分位数结果来看，分位数 0.25、0.50、0.75 乡村数字经济对乡村产业发展均呈现正向影响，随着分位数的增加，乡村数字经济对乡村产业发展的影响程度也在增加。也就是说，当乡村产业发展水平较低时，乡村产业发展受乡村数字经济的影响程度有限，而乡村产业发展水平较高时，乡村产业发展受乡村数字经济的影响程度在增加。因此，从全面层面来看乡村数字经济对乡村产业的影响是稳健的。

（二）政策建议

目前我国乡村数字经济对乡村产业发展的影响作用并未充分发挥，乡村数字经济虽然总体上促进了农业经济增长，但数字赋能农业高质量发展的区域差距相对明显。根据本书的研究结论，得到三个政策启示：

一是大力推进数字经济赋能，促进农业发展。加强农业数字化基础设施建设，推进数字农业产业化发展，促进数字化在农业领域全方位推广应用，推进智慧农业发展。数字技术推动的"互联网+"向乡村覆盖，促进农村产业的多功能发展，通过农业大数据、人工智能等智能化设施的应用，加速现代农业产业发展。重点关注新一代信息技术、数据技术等新型数字经济在农业产业发展过程中的应用，通过数字经济转变农业生产、经营方式及业态模式。

二是注重培养农民数字化水平，缩小城乡数字鸿沟。我国目前能够真正运用数字技术且从事农业生产的复合型人才十分稀缺，农民数字素养培育主要依赖政府部门的政策引导与资金扶持，但是相关部门的信息交流、数据共享水平较低。农民是农业生产主体，提高农民数字化水平，将数字融入农业生产、农产品加工、销售等过程中，是促进农业升级转型的根本保障。提升农民数字素养，可考虑按照政府主导、社会参与、数据共享、协同共建的思路推进相关工作，通过加大财政支农力度，为农村数字人力资源开发提供专项资金支持，因地制宜建立新型数字农民学习平台，低门槛、智能化地开展农业数字化技能培训，提升新型数字农民质量。

三是优化农业特色产业区域布局，提升数字赋能乡村产业振兴的规模与质量。由于不同地区农业发展的资源条件不同，比较优势不同，因此需要立足本地资源优势，按照特色农业发展的要素禀赋和需求环境，因地制宜扶持特色农业的数字化转型。结合不同地区现有主导农业，按照优势农产品区域和现代农业布局规划，合理布局数字化资源，按照农产品生产、加工、销售等环节，推进不同地区数字赋能农业全产业链的比较优势与竞争优势，弥合区域及城乡间农业数字鸿沟，全面推进现代农业高质量发展。

第**5**章
数字经济推动乡村产业发展的
三大变革研究

　　党的十八大以来，我国经济高质量发展取得巨大的成就，经济实现了由高速增长向高质量发展的转变，经济实力迈上新台阶。质量第一、效益优先的原则更是有力推动经济发展质量变革、效率变革与动力变革，提高全要素生产率，加快建设现代化经济体系，增强经济创新力、竞争力。乡村产业发展亦是如此，向乡村产业高质量发展转变。产业发展的三大变革的相关研究发现，数字技术的发展推动了产业创新，提升了人力资本，促进了产业的高质量发展（丛昊、张春雨，2022），数字化能够有效促进企业升级，对于产业发展存在溢出效应，在数字化转型过程中，数字技术运用的广泛应用，提升了产业创新水平，产能利用效能提高的同时，交易成本却在持续下降（杜勇、娄靖，2022），绿色技术在此发挥重要作用，有利于环境保护和经济高质量发展。

　　在数字经济推动乡村产业发展过程中，产生了哪些质量、效率、动力方面的变革，这些变革又如何影响乡村产业发展。这是本章将重点关注的问题。

一、机理分析

（一）质量、效率、动力变革的逻辑框架

质量变革、效率变革、动力变革是党中央对我国经济发展路径做出的重要论述，也是推动经济发展的重要目标。党的十九大报告明确指出，建设现代化经济体系，必须坚持质量第一、效益优先，以供给侧结构性改革为主线，推动经济发展质量变革、效率变革、动力变革。质量变革、效率变革、动力变革是贯彻新发展理念的核心要义，推动供给侧结构性改革，最终目的是满足需求，主攻方向是提高供给体系质量和效益，根本途径是深化改革。这就要求以提高供给体系质量和效率为中心，积极推动质量变革、效率变革和动力变革。质量变革是实现高质量发展的重要目标，明确指出了效率变革、动力变革是促进质量变革的有效手段，必须坚定不移深化改革开放、深入转变发展方式，以效率变革、动力变革促进质量变革，加快形成可持续的高质量发展体制机制。

在这三大重要变革中，质量变革是主体，既包括通常所说的提高产品和服务质量，也包括提高国民经济各领域、各层面素质，效率变革是主线，亦是提升我国经济竞争力的关键和实现高质量发展的支撑，要求破除制约效率提升的各种体制机制障碍，以既定的投入获取最大的产出；动力变革是基础，在我国传统动力减弱的背景下重新培植经济发展新动力新优势，将传统要素驱动力转变为创新驱动力（见图5-1）。三者相互依托，是有机联系的整体，必须系统推进。推进三大变革的根本目的是提高全要素生产率，不断增强我

国经济创新力和竞争力，从而为实现"两个一百年"奋斗目标构筑坚实基础。

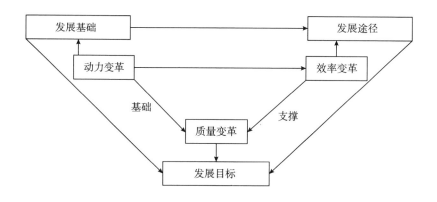

图 5-1　质量、效率、动力变革的逻辑框架

资料来源：笔者整理。

（二）数字经济推动乡村产业发展的变革机理

1. 数字经济推动乡村产业发展的质量变革机理

随着我国经济向高质量发展的转化，人民群众对产品和服务质量的要求越来越高，这就迫切需要转变生产发展方式、优化产业结构、转换产业发展动力，提升产业供给体系的质量效率，将发展质量放在最为突出的位置，推进效率由低到高快速转化，加快实现高水平供需平衡。党的十八大以来，我国发展阶段、发展条件、发展格局都在不断变化，产业发展的质量变革势在必行。党的十九大报告指出，我国社会的主要矛盾已转化为人民日益增长的美好生活需要和不平衡不充分发展之间的矛盾，在新征程上人民对美好生活的向往越来越强烈，需要不断提高产业发展的质量与效益，特别是乡村产业也是如此。从广义视角看，全面提高经济各领域各环节发展水平，培育技术、品牌、质量、服务等发展新优势。从狭义视角看,主要是突破产业质量发展瓶颈、提高产品和服务质量。

数字经济通过要素结构调整,赋能乡村产业发展的质量变革。数字经济减少供求信息不对称,有效整合碎片化的信息与知识等生产要素,促进供求双方直接交易;数字经济加速要素资源向优质企业和特色农产品集中,减少双向维度造成的供求信息不对称,有效降低信息的收集和交易成本,去中心化和多元化的服务方式进一步融通信息链,增强农村供应体系的供求配比。

2. 数字经济推动乡村产业发展的效率变革机理

效率变革是质量变革的重要推动力,其核心是要素配置结构的优化、投入产出效率的提升,如何在更深、更广的领域促进乡村产业发展的质量效益的提高,是效率变革需要关注的问题。高效规范、公平竞争、充分开放的统一大市场,促使要素资源在更大范围内畅通流动,使产品生产、分配、流通、消费均更为流畅,打通乡村产业循环发展的堵点,为加快效率变革提供制度保障。

数字经济提升产业运行效率,赋能乡村产业发展的效率变革。数字经济挣脱原有农业发展的瓶颈约束,以更少的投入在农业生产技术与产业链协同发展的变革性上创新突破。结合新农业生产技术视角,实现个性化、智能化的生产制作,形成数字化的交易方式,改变传统农业的业务服务流程,激发农业发展的内在动力,有助于优化农业生产规模、结构和效率。基于对大数据的分享与互换,农村创新的生产体系日益普遍,农业资源也流向进行农业生产的每家每户,推动农业规模化,提升农业生产效率,推动农村经济高质量发展。

3. 数字经济推动乡村产业发展的动力变革机理

动力变革能够增强经济质量发展优势,其核心是通过生产率的提升实现新旧动能转换，有关动力仍存在原始创新不足、产业处于中低端、高端技术需要依靠进口等问题，必须发挥第一生产力的作用，重视科技人才的培育，并开辟新领域、新产业、新模式，形成新动能、新优势，集聚力量引领科技攻关，打赢关键技术的攻坚，形成开放性创新生态。

通过数字技术建立高速运转的虚拟空间，农村经济数据的处理、传输速度显著提升，农民通过农产品上行与工业品下行，缩减了交易成本、增加了家庭收入，有助于挖掘农村经济潜力，增强农民的内生动力。数字经济建立农户数据共享机制，让农民增加农产品上行空间，打通不同的销售渠道，丰富农民收入来源，缩小城乡差距，进而提升农村发展的内核动力。

数字经济推动乡村产业发展的变革机理详见图5-2。

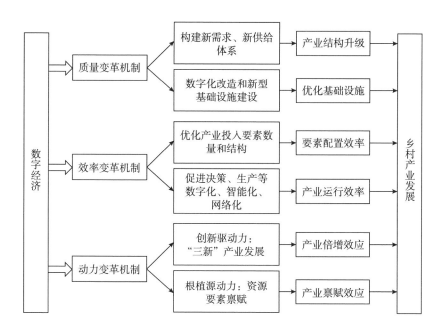

图5-2 数字经济推动乡村产业发展的质量变革、效率变革与动力变革的机理

资料来源：笔者整理。

二、模型构建与变量说明

（一）模型构建

为判断三大变革在乡村数字经济与乡村产业发展之间的作用，选取中介效应模型进行，构建如下的模型：

$$Y_{it} = \alpha_0 + \alpha_1 D_{it} + \beta_j X_{it} + \varepsilon_{i,t} \tag{5-1}$$

$$R_{it} = \alpha_0 + \alpha_1 D_{it} + \beta_j X_{it} + \varepsilon_{i,t} \tag{5-2}$$

$$Y_{it} = \alpha_0 + \alpha_1 D_{it} + \phi_1 R_{it} + \beta_j X_{it} + \varepsilon_{i,t} \tag{5-3}$$

其中，Y_{it} 为乡村产业发展；D_{it} 为数字经济，R_{it} 为质量变革、效率变革、动力变革水平，X_{it} 为控变量，$\varepsilon_{i,t}$ 为随机误差项。

为判断三大变革在数字经济与乡村产业发展之间是否存在调节作用，引入三大变革与数字经济的交互项，构建调节效应模型：

$$Y_{it} = \alpha_0 + \lambda_1 D_{it} + \lambda_2 R_{it} + \lambda_3 D_{it} \times R_{it} + \beta_j X_{it} + \varepsilon_{i,t} \tag{5-4}$$

（二）三大变革的衡量方法

1. 三大变革的体系框架

动力变革维度：聚焦数字经济如何提升产业的倍增效应，推动乡村产业发展的动力变革。乡村产业的发展需要形成新产业、新业态、新模式，进而形成新动能。动力变革需要依靠创新驱动进行，创新驱动离不开创新性动力与根植性动力。创新性动力需要从以下两方面考评：一是乡村"三新"产业的发展。根据国家统计局印发的《新产业新业态新商业模式统计分类（2018）》中现代农林牧渔业的划分，乡村产业中的"三新"产业涉及设施农业、农业生产托管服务、农林牧渔业智能管理服务、专业化农业服务、农林牧渔业跨行业融合服务等，成为驱动乡村产业高质量发展的新动能。二是科技成果转化率，体现乡村产业研究与试验的投入程度以及科技成果的转化应用。由于乡村部分产业发展需要依靠产业资源禀赋和市场需求等方面，产业发展的资源禀赋包含土地等资源的积累程度以及产业发展的源动力。

效率变革维度：聚焦数字经济如何调整产业运行效率（产业竞争力、数字化转型、产业链运行效率、生产成本降低、能耗降低），推动乡村产业发展的效率变革。有关效率的界定与评价较为宽泛，评价指标涉及技术效率、市场效率、生产效率、规模效率、配置效率等多方面。产业发展效率与产业主体有关，乡村产业发展的主体涉及农业企业、家庭农场、农业合作社等新型农业经营主体以及普通农户等，产业效率可以通过产业主体效率的变化来体现。效率变革是主体单位以既定资源配置获得产出最大化的变革过程，这些与土地、劳动、资本产出率等有关，在一定程度上体现了产业总效率的单要素产出率，反映了各要素供给方面的质量。效率的变革除了考虑要素产出率，还要考虑全要素生产率，全要素生产率是对乡村产业集约化和产业各要素生产率的整体衡量，体现乡村产业不同层面的要素效率与综合效率，体现产业技术、制度等综合水平的要素产出水平。

质量变革维度：聚焦数字经济如何调整产业结构（产业结构的合理化、高级化、生态化、层次化、协调化），推动乡村产业发展的质量变革。产业质量变革离不开产业结构、产业空间、产业社会效益的改善与提高。产业结构优化是产业结构调整和合理化发展的过程，在经济高质量发展的背景下，产业多元化、高度化、合理化、服务化等产业结构优化。产业多元化指数体现乡村产业的多样化以及相关产业之间融合发展，产业高度化指数体现产业结构从低水平向高水平的转化过程，产业合理化指数体现乡村产业之间的关联程度和协同程度，产业服务化指数是产业发展的重要组成部分，满足消费需求升级，体现产业发展新模式。因此质量变革需要考虑数量、规模、集聚程度等空间的集中程度。

总之，乡村产业发展的动力、效率与质量变革最终是在实现产业发展的动力创新、效率提升与产业结构调整优化转变的基础上，助推乡村产业的高质量发展。因此，相关指标的构建需考虑这些方面。

2. 评价指标体系

依据乡村产业发展指标体系的理论逻辑和构建原则，在充分考虑动力变革、效率变革与质量变革的内涵的基础上，形成动力变革、效率变革与质量变革的指标体系（见表5-1）。质量变革重点围绕产业结构变化进行，涉及产业高度化、合理化、生态化、多元化等多方面；效率变革涉及全要素生产率、资源配置效率、单要素生产率等多方面；动力变革涉及创新驱动（驱动经济发展方式）、要素结构（优化要素投入）等不同方面。

表5-1 质量变革、效率变革与动力变革评价体系

一级指标	二级指标	三级指标	指标解释
动力变革	创新性动力	技术创新（+）	温室农业总面积/耕地面积
		专利投入（+）	绿色农产品专利数/专利数
		知识创造（+）	农业知识产权创造指数
	根植性动力	产值提升（+）	人均农林牧渔业增加值
		消费升级（+）	农村人均消费水平
效率变革	要素配置效率	技术效率变化指数（+）	纯技术效率×规模效率
		技术进步指数（+）	DEA-Malmquist 指数
		全要素生产率（+）	DEA-Malmquist 指数
	单要素生产率	资本生产率（+）	农业产值/资本投入额
		劳动生产率（+）	农业产值/劳动人数
		土地生产率（+）	农业产值/土地投入面积

续表

一级指标	二级指标	三级指标	指标解释
质量变革	产业结构	合理化指数（+）	泰尔指数
		多元化指数（+）（多功能）	赫芬达尔指数的倒数
		产业集聚指数（+）	区位熵指数
	质量社会效益	质量竞争力指数（产品竞争力）（+）	绿色农产品认证数量
		吸纳就业人数比重（+）	第一产业就业人数/总就业人数
		税收占比（+）	乡村产业税收/全国税收总收入
	生态环境	化肥施用量（-）	单位面积化肥施用量
		农药使用量（-）	单位面积农药施用量

资料来源：笔者整理。

3. 测度方法及评价指标说明

根据研究构建的三大变革评价指标体系中部分三级评价指标数值的计算方法，对部分三级指标计算方法进行说明，如表5-2所示。有关质量变革、效率变革、动力变革的计算采用熵权法进行，其多用于多目标决策分析中，可综合量化评价指标体系的各个具体指标所承载信息熵的程度，是赋予单个评价指标权重的一种计算方法。

表5-2　评价体系三级指标说明

三级指标名称	三级指标说明
全要素生产率	由于通过Malmquist指数法得出的全要素生产率是变化量而非水平量，所以参考许海平等、王悦等的方法，将Malmquist指数计算的各变量对应的累计变动率作为全要素生产率
合理化指数	参考雷国胜等改进的产业结构偏离度系数和泰勒指数对乡村产业结构合理化指数进行测算
多元化指数	参考孙祥栋等的方法，用赫芬达尔指数计算产业多元化指数
产业集聚指数	参考汪艳等的方法，用区位熵测算产业集聚指数

资料来源：笔者整理。

（三）数据来源与说明

针对三大变革的数据来源，温室农业面积数据来自 2014～2023 年《中国农业年鉴》；绿色农产品专利数、绿色农产品认证数量来源于浙大卡特—企研中国涉农研究数据库（CCAD）；农业知识产权创造指数来自《中国农业知识产权创造指数报告》；农产品加工业主营业务收入数据来自《中国农产品加工业年鉴》；其他的数据来自国家统计局官方网站、2014～2021 年《中国统计年鉴》，部分缺失数据通过《中国农村统计年鉴》及各省份统计年鉴补充。

三、实证结果与分析

（一）质量、效率、动力变革评价

1. 中国动力变革水平评价

根据图 5-3 的结果，可知 2013～2022 年乡村产业动力变革指数基本呈现上升的趋势。从全国层面来看，动力变革指数由 2013 年的 0.303 上升到 2022 年的 0.633，年均增长率为 8.51%，但这一过程中，2019 年出现略微下降，仅为 0.418。东部地区的动力变革指数由 2013 年的 0.381 上升到 2022 年的 0.574，年均增长率为 4.66%，在这一过程中，相比 2013 年，2014 年略有下降，为 0.374，之后 2015～2016 年上升，但 2017～2019 年再次下降，2019 年仅为 0.418，2020～2022 年再次上升，总体上 2013～2022 年呈现波动性上升。中部地区的动力变革指数在 2013 年仅为 0.261，至 2022 年为 0.688，年均增长率为 11.37%，中部地区的变化可分为三阶段，2013～2015 年持续上升，相比 2015 年，2016 年略有下降后再次上升，2019 年略有下降后再次上升。西部地区的动力变革指数由 2013 年的 0.257 上升到 2022 年的 0.651，年均增长率为 10.90%，总体上可分为两阶段，2013～2018 年，表现为持续上升，之后的 2019 年略有下降后再次上升。比较三地区的动力变革指数，2013～2017 年以东部地区最为突出，2018～2020 年以西部地区最为突出，2021～2022 年中部地区最为突出，从增长率来看，中部地区最为突出，西部地区次之，由此可见，中西部地区动力变革在加快，与东部地区的差异在减小。

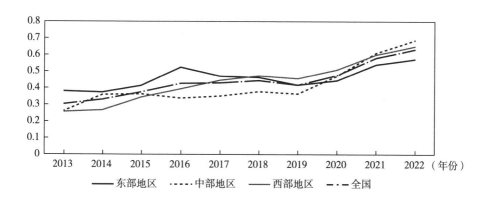

图 5-3　东中西部地区动力变革趋势

2. 中国效率变革水平评价

根据图 5-4 的结果，可知 2013～2022 年乡村产业效率变革指数基本呈现上升的趋势。从全国层面来看，效率变革指数由 2013 年的 0.194 上升到 2022 年的 0.661，年均增长率为 14.58%，但这一过程中，2016 年出现略微

数字经济推动乡村产业发展

下降，之后的 2017~2022 年持续上升。东部地区的效率变革指数与全国层面的变化趋势基本一致，由 2013 年的 0.230 上升到 2022 年的 0.687，年均增长率为 12.94%，2016 年最低为 0.318。中部地区的效率变革指数在研究期内呈现波动性上升，在 2013 年仅为 0.194，至 2022 年为 0.655，年均增长率为 14.47%，中部地区的变化可分为三阶段，2013~2015 年持续上升，相比 2015 年，2016 年略有下降后再次上升，2021 年略有下降后再次上升。西部地区的效率变革指数由 2013 年的 0.158 上升到 2022 年的 0.639，年均增长率为 16.76%，总体上可分为两阶段，2013~2018 年，表现为持续上升，之后的 2019 年略有下降后再次上升。比较三地区的效率变革指数，2013 年、2014 年、2022 年以东部地区最为突出，2016~2018 年以西部地区最为突出，2015 年、2019~2021 年中部地区最为突出，从增长率来看，西部地区最为突出，中部地区次之，由此可见，中西部地区效率变革在加快，与东部地区的差异在减小。

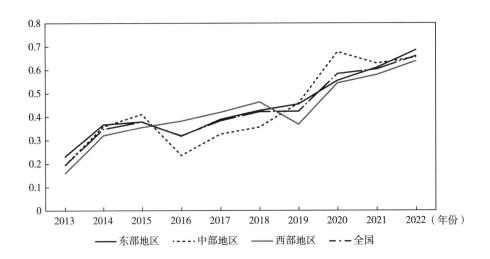

图 5-4　东中西部地区效率变革变化趋势

·120·

3. 中国质量变革水平评价

根据图 5-5 的结果，可知 2013~2022 年乡村产业质量变革指数基本呈现上升的趋势，大致将其分为两阶段，2013~2015 年基本呈现平稳趋势，但略有下降，之后 2016~2022 年基本呈现上升趋势。具体来看，全国层面的质量变革指数由 2013 年的 0.402 变化到 2022 年的 0.726，年均增长率为 6.77%。东部地区的质量变革指数与全国层面的变化趋势基本一致，由 2013 年的 0.361 上升到 2022 年的 0.807，年均增长率为 9.33%，2015 年最低为 0.281。中部地区的质量变革指数在研究期内呈现波动性上升，在 2013 年仅为 0.387，至 2022 年为 0.743，年均增长率为 7.51%。西部地区的质量变革指数由 2013 年的 0.454 上升到 2022 年的 0.632，年均增长率为 3.74%。比较三地区的质量变革指数及其增长率，东部地区最为突出，中部地区次之，西部地区相对较低。

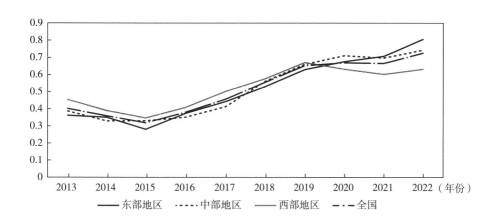

图 5-5　东中西部地区质量变革变化趋势

总之，中国三大变革呈现以下特征：①无论是从全国层面还是从东中西部地区来看，质量、效率、动力变革均表现为波动性上升趋势，但不同地区的上升幅度有所不同；②比较质量变革、效率变革与动力变革，不同地区之间存在不同差距，至 2022 年，动力变革以中部地区最为突出，效率变革与质量变革以东部地区最为突出。

（二）实证结果分析

1. 数字经济推动乡村产业发展的质量变革

根据式（5-1）、式（5-2）和式（5-3），分析数字经济如何推动乡村产业发展的质量变革，结果如表 5-3 所示。

表 5-3　质量变革的中介效应

被解释变量	全国			东部地区		
	乡村产业发展	质量变革	乡村产业发展	乡村产业发展	质量变革	乡村产业发展
常数	−0.102 （−1.062）	0.036 （0.362）	−0.110 （−1.178）	−0.108 （−0.388）	−0.070 （−0.199）	−0.105 （−0.377）
控制变量	含	含	含	含	含	含
乡村数字经济	0.683** （9.654）	0.822** （11.204）	0.496** （6.026）	0.262** （2.626）	0.885** （7.041）	0.227 （1.867）
质量变革			0.228** （4.147）			0.039 （0.497）
样本量	300	300	300	110	110	110
R^2	0.341	0.37	0.378	0.411	0.452	0.412
调整 R^2	0.327	0.357	0.363	0.376	0.42	0.372
F 值	$F_{(6,293)}=$ 25.252, p=0.000	$F_{(6,293)}=$ 28.701, p=0.000	$F_{(7,292)}=$ 25.299, p=0.000	$F_{(6,103)}=$ 11.954, p=0.000	$F_{(6,103)}=$ 14.174, p=0.000	$F_{(7,102)}=$ 10.207, p=0.000
被解释变量	中部地区			西部地区		
	乡村产业发展	质量变革	乡村产业发展	乡村产业发展	质量变革	乡村产业发展
常数	−0.645* （−2.611）	−1.160** （−5.179）	−0.443 （−1.544）	−0.004 （−0.023）	0.208 （1.191）	−0.063 （−0.354）
控制变量	含	含	含	含	含	含

续表

被解释变量	中部地区			西部地区		
	乡村产业发展	质量变革	乡村产业发展	乡村产业发展	质量变革	乡村产业发展
乡村数字经济	0.830** (4.480)	0.636** (3.782)	0.720** (3.572)	0.770** (6.570)	0.621** (5.568)	0.594** (4.592)
质量变革			0.174 (1.353)			0.284** (2.830)
样本量	80	80	80	110	110	110
R^2	0.527	0.609	0.539	0.461	0.360	0.500
调整 R^2	0.488	0.577	0.494	0.429	0.323	0.466
F 值	$F_{(6,73)}=$ 13.574, p=0.000	$F_{(6,73)}=$ 18.960, p=0.000	$F_{(7,72)}=$ 12.029, p=0.000	$F_{(6,103)}=$ 14.676, p=0.000	$F_{(6,103)}=$ 9.656, p=0.000	$F_{(7,102)}=$ 14.580, p=0.000

从全国层面来看，乡村数字经济对乡村产业发展产生正向显著影响，影响系数为0.683；乡村数字经济有利于提升产业的质量变革；当乡村数字经济与质量变革同时作为解释变量时，乡村数字经济虽对乡村产业发展产生显著正向影响，但影响系数0.496与上述数据0.683相比有所下降。由此得出，乡村数字经济能够显著改善产业发展质量，提升乡村产业发展水平。也就是说，从全国层面来看，乡村数字经济促进乡村产业发展可以质量变革为路径，乡村数字经济可通过影响质量变革进而影响乡村产业发展，即传导路径为乡村数字经济→质量变革→乡村产业发展。

本部分基于区域层面的分析，仍聚焦东中西部地区进行。如表5-3所示，东中西部地区乡村数字经济均可通过质量变革赋能乡村产业发展，但不同地区的影响系数与显著性有所不同，也就是说东中西部地区影响方向相同，但影响程度不同。

根据东部地区数据可知，乡村数字经济能够显著促进乡村产业发展，同时乡村数字经济能够显著促进产业的质量变革；当乡村数字经济、质量变革同时作为解释变量时，乡村数字经济对乡村产业发展的影响仍为正，且系数下降，但不显著，意味着在东部地区质量变革的中介作用表现并不明显。

中部地区的表现与东部地区具有相似性，也有其区别。中部地区与东部地区相比，乡村数字经济对乡村产业发展的影响系数略高，为 0.830；当乡村数字经济、质量变革同时作为解释变量时，中部地区乡村数字经济对乡村产业发展的影响系数 0.720 与 0.830 相比有所下降，意味着中部地区质量变革起到中介作用。

西部地区的数据显示，乡村数字经济显著促进乡村产业发展，同时乡村数字经济显著促进产业的质量变革；当乡村数字经济、质量变革同时作为解释变量时，西部地区乡村数字经济对乡村产业发展的影响系数有所下降，意味着西部地区质量变革起到中介作用。

总之，三地区相比，乡村数字经济对质量变革均起到显著的正向促进作用，东部地区的影响系数最大，中部地区次之，西部地区最小，但中西部差异相对较小。从中介效应来看，三地区质量变革均在产业发展过程中起到中介作用。

表 5-4 的数据显示，基于全国层面的分析，质量变革在乡村数字经济促进乡村产业发展过程中具有调节效应。比较东中西部地区，东部地区的调节作用最为显著，影响程度较高，而中西部地区的调节作用相对较弱，且未通过显著性检验。

表 5-4 质量变革的调节效应

	全国	东部地区	中部地区	西部地区
常数	0.186 (1.848)	0.037 (0.132)	−0.055 (−0.173)	0.308 (1.497)
控制变量	含	含	含	含

续表

	全国	东部地区	中部地区	西部地区
乡村数字经济	0.524 ** (6.324)	0.264 * (2.207)	0.728 ** (3.439)	0.602 ** (4.583)
质量变革	0.230 ** (4.219)	0.052 (0.680)	0.175 (1.349)	0.278 ** (2.748)
乡村数字经济×质量变革	0.953 * (2.154)	1.405 * (2.473)	0.148 (0.138)	0.324 (0.410)
样本量	300	110	80	110
R^2	0.387	0.446	0.539	0.501
调整 R^2	0.37	0.402	0.487	0.461
F 值	$F_{(8,291)}$ = 22.992, p=0.000	$F_{(8,101)}$ = 10.144, p=0.000	$F_{(8,71)}$ = 10.384, p=0.000	$F_{(8,101)}$ = 12.674, p=0.000
ΔR^2	0.01	0.034	0	0.001
ΔF 值	$F_{(1,291)}$ = 4.638, p=0.032	$F_{(1,101)}$ = 6.117, p=0.015	$F_{(1,71)}$ = 0.019, p=0.891	$F_{(1,101)}$ = 0.168, p=0.683

2. 数字经济推动乡村产业发展的效率变革

表5-5的数据显示，效率变革在乡村数字经济促进乡村产业发展过程中起到中介作用。具体来看，乡村数字经济有利于提升产业的效率变革，影响系数为0.578，且通过显著性检验，当乡村数字经济与效率变革同时作为解释变量时，乡村数字经济虽对乡村产业发展产生显著正向影响，但影响系数有所下降。由此得出，乡村数字经济能够显著改善产业发展的效率，提升乡村产业发展水平。也就是说，从全国层面来看，乡村数字经济促进乡村产业发展可以以效率变革为路径，乡村数字经济可通过影响效率变革进而影响乡村产业发展，即通过"乡村数字经济→效率变革→乡村产业发展"进行传导。

基于三地区的效率变革中介效应比较分析，东部地区乡村数字经济发展对产业发展效率变革起到显著推动作用，这种推动作用可作用于乡村产业发展，通过效率变革影响产业发展具有可行性。中部地区与东部地区的表现略有不同，主要表现在乡村数字经济并未促进乡村产业发展的效率变革，当乡村数字经济和效率变革同时作为解释变量时，乡村数字经济、效率变革均表现为显著的正向作用，意味着中部地区的中介效应不明显。西部地区的乡村数字经济促进效率变革，影响系数为 0.743，当乡村数字经济与效率变革均作为解释变量时，两者显著促进乡村产业发展，且乡村数字经济的影响系数下降，因此西部地区的效率变革呈现明显的中介效应。

表 5-5　效率变革的中介效应

被解释变量	全国			东部地区		
	乡村产业发展	效率变革	乡村产业发展	乡村产业发展	效率变革	乡村产业发展
常数	−0.102 (−1.062)	−0.219 (−1.883)	−0.016 (−0.189)	−0.108 (−0.388)	−0.623 (−1.725)	0.067 (0.253)
控制变量	含	含	含	含	含	含
乡村数字经济	0.683** (9.654)	0.578** (6.767)	0.456** (6.795)	0.262** (2.626)	0.405** (3.137)	0.148 (1.515)
效率变革			0.393** (9.214)			0.281** (3.948)
样本量	300	300	300	110	110	110
R^2	0.341	0.266	0.489	0.411	0.405	0.489
调整 R^2	0.327	0.251	0.477	0.376	0.37	0.454
F 值	$F_{(6,293)}$ = 25.252, p = 0.000	$F_{(6,293)}$ = 17.671, p = 0.000	$F_{(7,292)}$ = 39.970, p = 0.000	$F_{(6,103)}$ = 11.954, p = 0.000	$F_{(6,103)}$ = 11.666, p = 0.000	$F_{(7,102)}$ = 13.925, p = 0.000
被解释变量	中部地区			西部地区		
	乡村产业发展	效率变革	乡村产业发展	乡村产业发展	效率变革	乡村产业发展
常数	−0.645* (−2.611)	−1.140** (−3.964)	−0.185 (−0.766)	−0.004 (−0.023)	0.055 (0.259)	−0.024 (−0.143)
控制变量	含	含	含	含	含	含
乡村数字经济	0.830** (4.480)	−0.084 (−0.389)	0.864** (5.238)	0.770** (6.570)	0.743** (5.485)	0.503** (4.130)

续表

被解释变量	中部地区			西部地区		
	乡村产业发展	效率变革	乡村产业发展	乡村产业发展	效率变革	乡村产业发展
效率变革			0.403** (4.509)			0.359** (4.611)
样本量	80	80	80	110	110	110
R^2	0.527	0.442	0.631	0.461	0.386	0.554
调整 R^2	0.488	0.396	0.596	0.429	0.35	0.523
F 值	$F_{(6,73)}=$ 13.574, $p=0.000$	$F_{(6,73)}=$ 9.639, $p=0.000$	$F_{(7,72)}=$ 17.620, $p=0.000$	$F_{(6,103)}=$ 14.676, $p=0.000$	$F_{(6,103)}=$ 10.793, $p=0.000$	$F_{(7,102)}=$ 18.092, $p=0.000$

从效率变革的调节效应来看，基于全国层面的调节效应分析，效率变革在乡村数字经济促进乡村产业发展过程中具有调节效应。比较东中西部地区，中部地区的调节作用最为显著，影响程度较高，西部地区次之，而东部地区的调节作用相对较弱（见表5-6）。

表5-6 效率变革的调节效应

	全国	东部地区	中部地区	西部地区
常数	0.299** (3.262)	0.112 (0.410)	0.337 (1.295)	0.281 (1.519)
控制变量	含	含	含	含
乡村数字经济	0.504** (7.538)	0.146 (1.530)	1.003** (6.165)	0.618** (5.036)
效率变革	0.376** (8.963)	0.264** (3.756)	0.377** (4.435)	0.323** (4.262)
乡村数字经济×效率变革	1.145** (3.790)	1.057* (2.280)	2.114** (3.055)	1.433** (3.086)
样本量	300	110	80	110
R^2	0.513	0.514	0.674	0.592
调整 R^2	0.5	0.475	0.638	0.56

续表

	全国	东部地区	中部地区	西部地区
F 值	F (8,291) = 38.370, p = 0.000	F (8,101) = 13.335, p = 0.000	F (8,71) = 18.369, p = 0.000	F (8,101) = 18.344, p = 0.000
ΔR^2	0.024	0.025	0.043	0.038
ΔF 值	F (1,291) = 14.363, p = 0.000	F (1,101) = 5.197, p = 0.025	F (1,71) = 9.333, p = 0.003	F (1,101) = 9.525, p = 0.003

3. 数字经济推动乡村产业发展的动力变革

表5-7的数据显示，在全国层面动力变革在乡村数字经济促进乡村产业发展过程中起到中介作用。具体来看，乡村数字经济有利于提升产业的动力变革，影响系数为0.522，且通过显著性检验，当乡村数字经济与动力变革同时作为解释变量时，乡村数字经济虽对乡村产业发展产生显著正向影响，但影响系数有所下降。由此得出，乡村数字经济能够显著改善产业发展的动力，提升乡村产业发展水平。也就是说，从全国层面来看，乡村数字经济促进乡村产业发展可以以动力变革为路径，乡村数字经济可通过影响动力变革进而影响乡村产业发展，即通过"乡村数字经济→动力变革→乡村产业发展"进行传导。

表5-7 动力变革的中介效应

被解释变量	全国			东部地区		
	乡村产业发展	动力变革	乡村产业发展	乡村产业发展	动力变革	乡村产业发展
常数	−0.102 (−1.062)	−0.002 (−0.023)	−0.101 (−1.100)	−0.108 (−0.388)	−0.469 (−1.530)	−0.036 (−0.128)
控制变量	含	含	含	含	含	含
乡村数字经济	0.683** (9.654)	0.522** (7.388)	0.532** (7.203)	0.262** (2.626)	0.212 (1.931)	0.229* (2.280)

续表

被解释变量	全国			东部地区		
	乡村产业发展	动力变革	乡村产业发展	乡村产业发展	动力变革	乡村产业发展
动力变革			0.289 ** (5.141)			0.154 (1.740)
样本量	300	300	300	110	110	110
R^2	0.341	0.323	0.396	0.411	0.372	0.427
调整 R^2	0.327	0.309	0.381	0.376	0.335	0.388
F 值	F(6,293)= 25.252, p=0.000	F(6,293)= 23.335, p=0.000	F(7,292)= 27.299, p=0.000	F(6,103)= 11.954, p=0.000	F(6,103)= 10.151, p=0.000	F(7,102)= 10.880, p=0.000
被解释变量	中部地区			西部地区		
	乡村产业发展	动力变革	乡村产业发展	乡村产业发展	动力变革	乡村产业发展
常数	−0.645 * (−2.611)	−0.310 (−1.122)	−0.575 * (−2.370)	−0.004 (−0.023)	−0.015 (−0.094)	0.000 (0.000)
控制变量	含	含	含	含	含	含
乡村数字经济	0.830 ** (4.480)	0.505 * (2.437)	0.717 ** (3.816)	0.770 ** (6.570)	0.745 ** (7.417)	0.552 ** (3.909)
动力变革			0.224 * (2.201)			0.292 * (2.615)
样本量	80	80	80	110	110	110
R^2	0.527	0.274	0.557	0.461	0.591	0.495
调整 R^2	0.488	0.214	0.514	0.429	0.567	0.46
F 值	F(6,73)= 13.574, p=0.000	F(6,73)= 4.591, p=0.001	F(7,72)= 12.939, p=0.000	F(6,103)= 14.676, p=0.000	F(6,103)= 24.757, p=0.000	F(7,102)= 14.270, p=0.000

　　基于三地区的动力变革中介效应比较分析，东部地区乡村数字经济发展对产业发展动力变革起到显著推动作用，这种推动作用可作用于乡村产业发展，但乡村数字经济对动力变革的影响却不显著，当乡村数字经济与动力变革同时作为解释变量时，动力变革对乡村产业发展的影响未通过显著性检验，意味着东部地区的动力变革的中介效应不明显。中西部地区的乡村数字经济

促进动力变革，当乡村数字经济与动力变革均作为解释变量时，两者显著促进乡村产业发展，且乡村数字经济的影响系数下降，因此中西部地区的动力变革呈现明显的中介效应。

总之，乡村数字经济对动力变革均起到显著的正向促进作用，中部地区的影响系数最大，西部地区次之，东部地区最小。从中介效应来看，三地区动力变革均在产业发展过程中起到中介作用，但东部地区的作用不明显。

从动力变革的调节效应来看，基于全国层面的调节效应分析，动力变革在乡村数字经济促进乡村产业发展过程中具有调节效应。比较东中西部地区，中部地区的调节作用最为显著，影响程度较高，东西部地区相对较弱，两者差异不大（见表 5-8）。

表 5-8　动力变革的调节效应

	全国	东部地区	中部地区	西部地区
常数	0.202 * （1.993）	0.091 （0.318）	-0.271 （-1.060）	0.253 （1.218）
控制变量	含	含	含	含
乡村数字经济	0.552 ** （7.473）	0.231 * （2.330）	0.786 ** （4.295）	0.600 ** （4.257）
动力变革	0.283 ** （5.068）	0.195 * （2.162）	0.151 （1.476）	0.262 * （2.356）
乡村数字经济×动力变革	0.847 * （2.294）	1.104 （1.864）	2.479 * （2.574）	1.133 * （2.064）
样本量	300	110	80	110
R^2	0.406	0.447	0.595	0.515
调整 R^2	0.39	0.403	0.549	0.477
F 值	F (8,291) = 24.893, p=0.000	F (8,101) = 10.185, p=0.000	F (8,71) = 13.035, p=0.000	F (8,101) = 13.418, p=0.000
ΔR^2	0.011	0.019	0.038	0.02

	全国	东部地区	中部地区	西部地区
ΔF 值	$F(1,291) = 5.264$, $p = 0.022$	$F(1,101) = 3.473$, $p = 0.065$	$F(1,71) = 6.625$, $p = 0.012$	$F(1,101) = 4.261$, $p = 0.042$

四、本章小结

(一) 研究结论

本章采用 2013~2022 年的相关数据,对乡村产业发展过程中的质量变革、效率变革与动力变革进行比较分析,并运用中介效应和调节效应模型分析三大变革在数字经济推动乡村产业发展过程中的作用。结果显示:

(1) 三大变革的水平在考察期内均呈现上升的趋势,但中西部地区动力变革、效率在加快,与东部地区的差异在减小,质量变革指数及其增长率,以东部地区最为突出,中部地区次之,西部地区相对较低。

(2) 三大变革在乡村数字经济促进乡村产业发展过程中起到中介作用,通过三大变革促进乡村产业发展具有可行性。乡村数字经济能够显著提升三大变革,提升乡村产业发展水平。也就是说,乡村数字经济促进乡村产业发展可以三大变革为路径,乡村数字经济可通过影响三大变革进而影响乡村产业发展,即通过"乡村数字经济→三大变革→乡村产业发展"进行传导。但这一过程中,质量变革、效率变革与动力变革的影响程度有所不同,在质量变革、效率变革方面,东部地区的影响最大,中部地区次之,西部地区最小;

在动力变革方面，中部地区的影响最大，西部地区次之，东部地区最小。

（3）三大变革在乡村数字经济促进乡村产业发展过程中起到调节作用。通过三大变革促进乡村产业发展具有可行性，乡村数字经济能够显著提升三大变革，提升乡村产业发展水平。在质量变革中，东部地区的调节作用最为显著，影响程度较高，而中西部地区的调节作用相对较弱，且未通过显著性检验。在效率变革中，中部地区的调节作用最为显著，影响程度较高，西部地区次之，而东部地区的调节作用相对较弱。在动力变革中，中部地区的调节作用最为显著，影响程度较高，东西部地区相对较弱，但两者差异不大。

（二）政策建议

"三大变革"以质量变革为主体，效率变革为主线，动力变革为关键，为产业发展提供新理念、新模式，共同促进乡村产业发展。

首先，通过质量变革，夯实乡村产业发展根基。提高乡村产业发展的供给体系质量，向国际先进的质量标准看齐。乡村产业的发展向绿色、健康转化，"吃得饱"已不是乡村产业发展的难题，"吃得好"才是产业发展质量变革的关键。延伸乡村上下游产业链，加大产业自主研发力度，避免乡村产业发展的关键技术"卡脖子"，发挥科技创新在产业发展中的作用。调动乡村要素的主动性与创造性，按照要素市场贡献机制，激发产业的技术、管理、制度创新。

其次，通过效率变革，释放乡村产业发展活力。乡村产业难以满足市场新需求，存在无效供给，引起部分产业产能过剩，同时部分稀缺资源无法向产品竞争力强的产业流动，产业结构需要进一步调整，根据不同地区的资源禀赋，提升产业发展效率，培育新型产业，要素成本的上升已成为产业发展的客观事实，通过效率变革，强化科技创新，将传统产业进行优化，实现大数据、人工智能等新型技术同传统产业生产深度融合，提升产业效率，实现

"老树发新芽""新树再优化"，释放乡村产业发展活力。

最后，通过动力变革，培育乡村产业发展新动能。动力变革的核心在于人才、企业与环境等。当前人口红利的衰退，导致人口资源已不是我国的优势，需要通过人才的培养，形成人才红利，保障人力资本持续增值，特别需要关注乡村人力资本的培育，引导人才向乡村转移，解决乡村产业发展过程中的人才结构性矛盾。科技创新与成果转化率存在不一致，虽然每年开发大量创新成果，但大多产业存在成果转化率低这一问题，进一步激发创新热情的同时，将成果应用到乡村产业发展中，完善农业知识产权保护，让创新成果保持市场优势，提升创新内生动力。

第**6**章
数字经济推动乡村产业三大变革的
国外经验[*]

发达国家农业农村的数字技术应用起步较早,通过长期探索,不同国家在乡村产业发展过程中形成了各有侧重的实践模式,对于推动乡村产业发展的质量变革、效率变革与动力变革起到了重要作用,特别是美国、英国、德国、日本等较为发达的国家,均形成了以数字化为基础的独特发展模式,这些模式与传统模式相比,具有显著的数字特征。

本章对国外在数字经济推动乡村产业三大变革方面的经验进行梳理与总结,主要选取以数字与信息为主导的美国精准农业模式、以数字网络为载体的英国订单农业模式、以互联网数据共享为主导的德国数字农业模式、以信息技术为支撑的日本智慧农业模式,对不同模式的形成背景、主要做法进行梳理,对不同模式的侧重点、发展机制进行对比,在此基础上,总结不同模式的成效与制约因素,最后得出国外典型模式所带来的主要经验与启示。

---

* 本章初稿由杨梦婷撰写,贾兴梅修订。

一、典型案例简介

（一）美国：精准农业——数字与信息主导模式

1. 形成背景

美国的环境污染造成的干旱导致了几乎 2/3 的农作物受灾，产量大大减少，强沙尘暴问题造成农药问题大面积爆发，部分农药成分进入食物链，这不仅危害人体健康，还导致了一些物种的灭绝；美国核武器的研发和试验，释放了大量的放射性物质到环境中，这些物质通过空气、水和土壤传播，进而污染农作物和牧场，影响食品安全和农业产量，给生态环境造成难以逆转的破坏（龙腾，2017），这就要求以农业为主的乡村产业发展要进行质量变革。但美国的农业补贴政策更倾向于支持大规模的商业农场，这导致了大农场因为能够实现规模效益而逐渐占据优势地位，而小型家庭农场则因成本问题和竞争力不足面临被淘汰的风险，2011~2016 年美国年销售额 100 万美元以上的家庭农场获得与商品生产有关的补贴占比从 28.8%增加到 35%，其相应的占农场总数的比重、经营面积比重、产品产值比重分别从 2.0%、16.2%、35.0%增加到 2.9%、18.0%、45.2%；年销售额 35 万美元以下的家庭农场获得与商品生产有关的补贴占比从 32.8%减少到 27%，虽然数量占比从 89.7%增加到 89.9%，但经营面积比重和产值比重分别从 52.1%、25.5%下降到 50.6%、22.6%（芦千文、姜长云，2018），这就要求小型家庭农场必须进行效率变革。美国农业发展需要寻求新的出路以摆脱困境，这也成为美国农业发展的驱动力，驱动乡村产业进行动力变革，新型农业——精准农业在这一情境下在美国产生。

当然，美国发展精准农业也有其独特优势。一是富饶的耕地资源。美国的农业之所以能够成为世界上的主要力量之一，得益于其丰富的耕地资源。富饶的耕地资源有助于农业大规模机械化、标准化、专业化生产以及农业产业化经营。二是适宜农作物生长的种植带分布。美国种植带主要位于温带和亚热带，全国大部分地区雨量充沛而且分布比较均匀，土壤有机质含量高。三是美国信息技术的快速发展。美国信息技术的发展为精准农业提供了强大的数据支持和智能化管理手段，如 GPS 系统、互联网、通信技术以及物联网、云计算和大数据等现代信息技术在农业生产领域的广泛运用，使得农业生产过程更加科学化、精细化，极大地提高了农业生产的效率，增强了其可持续性。四是美国政府农业政策的支持。早在 1973 年，美国已颁发相关法案，以法律形式确定农民从事农业生产劳动可以获得补贴，1985 年里根政府在方式和额度上对农业补贴进行了一些调整，并实行强制休耕政策，帮助土壤自然恢复肥力，减少对土地资源的持续压力，有助于土地的长期可持续利用。2002 年颁布的《农业安全与农村投资法案》再一次提高了农业补贴，在原来基础上提高了 67%，每年的补贴总额高达 1900 亿美元[①]。2018 年颁布的《2018 年农业提升法案》涉及农业补贴、资源保护等多个方面，这些政策的颁布均有助于推动精准农业技术的研发和农民积极性的提升。由此可见，美国发展精准农业有其有利条件，同时是乡村产业发展到一定程度的必然选择，也是产业高质量发展的要求。

2. 主要做法

精准农业又称精准农作、精确农业或精细农业，是一种以信息技术为基

---

① 美国精准农业：中国农业如何借鉴"精准农业"模式［EB/OL］. 龙腾华夏网［2017-04-19］. https：//www. lthx. cn/info/jingzhunnongye.

础，通过精确控制农业生产过程中的各种资源和条件，来提高作物产量和质量，降低生产成本，减少环境影响的现代农业管理方式，这种模式与传统的生产模式相比，融入了数字技术等新型因素，其核心在于利用现代信息技术，如全球定位系统（GPS）、遥感技术、地理信息系统（GIS）等，以及物联网、云计算、大数据等先进技术手段，对农田进行精细化管理，实现对土壤、气候、作物生长状况等因素的实时监测和分析，以最少的投入达到更高的产出，并改善环境，取得经济效益和环境效益（姜靖、刘永功，2018）。

精准农业是数字乡村建设的一个重要组成部分，美国选择的是多元共进矩阵型发展模式。多元共进矩阵发展模式是数字乡村建设中的一种典型模式，以数字与信息为主导，它的核心在于多个主体的协同合作，包括政府、企业、教育机构和农民等，共同推动数字乡村的发展。具体做法表现在以下三方面：

一是政府的资金与政策支持。数字乡村建设离不开强大的数据库，政府投入大量资金建设共享农业数据库，不论是农场主、农资供应商还是农业专家，都是农业数据库的数据分享者和享受者。农业数据库的建立涉及大量数据的收集、处理和分析，并设有专业部门监督和管理数字农业资源，确保数据的真实性与有效性。为保护数据安全，早在 1996 年美国已颁布《电信法》、2015 年通过的《网络中立法案》以及 2018 年发布的《国家网络战略》等法律法规共同构建了美国数据安全网，为数字乡村建设和精准农业发展的数据安全提供了法律保障，目前美国已拥有比较完善的农业产业基础和数字技术体系，为数字乡村的建设提供了坚实的基础，成为推动乡村产业变革的动力，也是推动乡村产业高质量发展的重要保障。

二是企业的农业科研贡献。企业在社会责任和利益的驱动下通常有较强的研发能力，并且会更加关注市场需求，开发符合农民和消费者需求的产品和服务，如高产优质的作物品种、高效的农机设备、智能灌溉系统等，这些均能够帮助提升产业发展效率。19 世纪初成立的邦吉公司（Bunge）是美国四大粮商之一，以农产品供应链中的完整性和规模而著称，尤其是在谷物出口方面占据重要地位。在长达两个世纪的发展过程中，公司业务不断扩张，涵盖农业、食品与配料、糖和生物能源、化肥等多个领域。邦吉公司实行"研发带动业务发展"的模式，从 20 世纪 60 年代起就开始逐步完善其研发团队。公司在生物能源领域的研究尤为突出，70 年代至 80 年代，在美国政府的支持下，邦吉致力于生物燃料的研发，并迅速成为美国最大的生物乙醇生产商。此外，邦吉还与多所高校和科研机构合作开展科研项目，这些科技创新成果极大地推动了其产业价值链的优化，为整个农业和食品业的发展做出了贡献。美国约翰迪尔公司（John Deere）在全球农业机械制造业中占据领先地位，不断推出技术创新产品，例如不粘泥土的钢犁，这一创新大大提高了耕作效率，减少了农民的劳动强度。2023 年推出的 ExactShot 技术是一种结合了自动驾驶和智能技术的先进农业种植与施肥系统，旨在提高农业生产的精确度和效率，预计将给农业和环境带来重大改变。约翰迪尔公司通过其在农业机械化、数字化和技术创新方面的贡献，为全球粮食生产和农业可持续发展提供了重要支持，提升了农业生产效率。

三是教育机构的科技创新和人才培养。美国的教育机构通过科研创新、人才培养、知识传播和社区服务等多方面工作，为数字乡村建设做出了显著贡献。美国普渡大学在精准农业技术方面的研究成果斐然，如智能机械系统、GPS 自动导航技术等的应用，直接推动了农业生产的现代化和数字化，是科研成果转化为实际生产力的体现。同时，普渡大学还通过教育和培训项目，培养了一批懂技术、会管理的农业人才。这些人才在数字乡村建设中发挥了关键作用，他们能够操作先进的农业设备，并利用数字技术进行农场管理和决策。美国康奈尔大学农业与生命科学学院开设了多个涉及农业技术的课程和项目，这些课程不仅涵盖了传统的农业知识，还包括了现代农业技术的培训，如精准农业、植物育种等。通过这些课程，康奈尔大学培养了一批具有现代农业知识的专业人才，这些人才在推动数字乡村建设方面发挥了重要作用。

由此可见，美国精准农业的发展，离不开数字经济这一新型主导因素，数字经济推动乡村产业发展，在这一过程中科技创新、数字人才成为乡村产业发展的动力，政府的优惠政策为数字在农业领域的应用提供了支持，农业企业在机械化、数字化方面的贡献改善了农业生产效率，引起了乡村产业发展的质量变革，形成了数字与信息主导的新型产业模式。

（二）英国：订单农业——数字网络载体模式

1. 形成背景

英国在数字经济背景下实行订单农业模式有以下四个方面原因：第一，农业革命。英国订单农业的发展可以追溯到 18 世纪，这一时期英国经历了由传统农业社会向现代工业社会的转型，这一转型被称为农业革命。一方面，圈地运动的兴起改变了封建土地所有制及分配体制，为后来订单农业模式提供了土地管理和使用新方式。另一方面，圈地运动导致大量农民失去土地，失地农民成为城市的自由劳动力，为订单的发展提供了重要的人力资源。圈地运动还加速了英国从封建社会向资本主义社会的过渡，这种社会结构的变化为订单农业的出现和发展提供了更广泛的社会背景（柏晶坤，2022）。第二，市场需求。英国早在 2005 年就实现了很高水平的城镇化率，城镇化伴随着居民收入的提高和消费升级的趋势。在订单农业模式下，农产品的品类、规格、数量和质量都有明确的要求，这促使生产者提高产品质量，进而催生了订单农业模式的产生，满足了消费者多样化和高质量的农产品需求。第三，技术进步。英国农业生产的机械化和自动化以及精准农业的推广应用为订单农业的发展奠定了技术基石，强大和稳定的电子商务平台为农产品的销售提供了新的渠道，2022 年英国的电子商务市场，在全球排名第三，仅次于中国和美国。第四，政策支持。英国的农村政策经历了从以农业生产为中心过渡到重视农村生态价值，再转化到鼓励农村创新实现多样化发展等多个阶段。英国政府每年投入大量资金用于农业科技创新，并建立了农业科技质量保障体系，确保科研投入的公开透明，并接受社会各界的监督与检查。英国农业补贴政策强调农业的可持续性和多功能性，政府将农户执行"绿化规则"和"交叉承诺"的具体情况与其获得的农业补贴相捆绑（毛世平，2017），同时，科研成果需要经过同行评价，以保证研究的质量和实用性。

2. 主要做法

订单农业又称合同农业、契约农业，是一种以合同为基础，根据市场需求安排农产品生产的农业经营模式，是农业现代化的重要内容之一，具有产销对接、主体多元化、适应市场化需求和避免农产品滞销等关键特点（付登鑫，2023）。不同于最初"只管种而不管收"的种植方式，订单农业以确定的合同将合作关系牢牢绑定，将企业利益与广大农民的种收情况联结起来，使大市场与小生产进行合理衔接，引导农民进入大市场，主动保障农产品品质。这种方式对于拓宽农产品营销渠道，带动农民增收，推动农村信息化和农业产业化进程等有着积极意义（顾悦宁、吴小菁，2023）。英国订单农业具有这些关键特点的同时，还具有秩序化的特点，这是多因素作用的结果。从历史传统看，英国是世界上最早完成现代国家建构的国家之一，这种先发优势使得英国在政治、法律和社会结构上形成了一套较为成熟和规范的体系。英国的法治传统和对规则的尊重是其社会秩序化的重要体现。从政治体制看，英国实行君主立宪制，这一制度保证了国家权力的有序交接和运作，同时也体现了对传统和规则的尊重。从经济发展模式看，英国是工业革命的发源地，生产方式的根本变革促进了社会组织和管理方式的现代化，因此需要有序化的管理和组织维持。从文化因素看，英国文化中有着深厚的经验主义传统，这种以经验和实证为基础的思维方式促使社会行为更加趋于理性和有序（胡传胜，2014）。因此，在数字经济背景下，英国结合传统的秩序化发展模式，形成更加严谨的独特的订单农业模式。其主要做法表现在以下三个方面：

一是建立电子商务体系。早在 20 世纪 60 年代，英国就出现了农业电商的雏形，其中比较著名的是"Ocado"。通过构建一种农业电子商务网站，提供包括金融、农产品和农机交易、资讯、天气等全面服务，提升生产流通效率。"Ocado"作为一家领先的在线超市，截至 2019 年底已经服务了英国将近 74% 的家庭，每周处理的订单超过 32.5 万份，客单价达到 100 多英镑。[①] 这些平台不仅提供农产品交易，还提供金融、物流等综合服务，极大地推动了订单农业的发展。

二是培育职业农民。自 1982 年《农业培训局法》颁布以来，农民职业考核制度得到严格落实，专门成立了职业资格评审委员会，严格监督资格证书的颁发。同时，英国还成立了约 100 所农业专科学校和约 2000 所农业职业技术中学。[②] 以上措施为英国建立了完善的职业农民培训体系，经过培训的农民拥有现代农业知识和技能及较强的市场意识和风险管理能力，为订单农业发展注入活力的同时，提供了优质的人力资源。

三是推动农业科技创新。英国政府不断为农业技术研发提供资金支持，提出两个平台建设计划，投入资金支持农业科技成果的研发和转化。[③] 2013 年政府制定的《英国农业科技战略》是一个全面且多元化的计划，它不仅关注科技成果的应用和新技术的开发，还强调了信息的重要性和全球市场竞争力的提升，旨在联合农业科研力量、政府部门与产业部门协同发展，优

---

① 成立 20 年，年销售额过百亿，英国生鲜电商 Ocado 的经营之道 [EB/OL]. 人人都是产品经理网 [2020-07-21]. https：//www. woshipm. com/marketing/4095169. html.

② 国外乡村振兴立法的特点及启示 [EB/OL]. （2021-05-27）[2024-02-28]. https：//baiji-ahao. baidu. com/s?id = 1700860244082246657&wfr = spider&for = pc.

③ 许竹青. 英国农村科技创新政策的阶段重点与启示 [J]. 科技中国，2019（10）：17-19.

化农业科技投入结构，促进科技成果的转化应用，科技创新已成为支撑英国乡村发展的关键。

由此可见，英国订单农业是在农业发展基础上兴起的一种新型农业，这种农业以数字化、网络化为载体，构建电子商务体系，提升农产品流通效率，通过农业科技创新、培养新型职业农民等方式提供产业发展的动力，推动乡村产业发展的质量变革。

（三）德国：数字农业——互联网数据共享模式

1. 形成背景

随着全球数字化转型的加速，德国作为世界上数字化转型最快的国家之一，自然也将这一趋势扩展到了农业领域。德国作为老牌的工业强国强推数字农业，在"工业 4.0"的基础上提出了"农业 4.0"，"农业 4.0"与"工业 4.0"依据的核心理念以及运用的技术并无二致（王淑婷，2020）。其通过整合网络化、大数据、人工智能、机器人等尖端技术，优化农作物的生长条件，提升整个农业生产的效率和质量。数字农业的发展被视为提升农业生产效率、增强农产品竞争力和促进农业可持续发展的关键途径。德国政府在2018 年将数字农业定为优先发展领域，并发布了《农业数字政策未来计划》，标志着德国数字农业的正式启动，明确了数字农业发展的具体举措，为该领域提供了体系化的政策框架。

2. 主要做法

数字农业是一个集合概念，其利用现代信息技术驱动农业发展，实现农业生产的自动化和智能化。数字农业的出现标志着农业生产方式的一次重大转变，是一个国家由农业大国迈向农业强国的必经之路，具有以物联网系统为载体、以农业数字资源为基本要素的关键特点。德国的主要做法表现在部署数字化战略、创新数字化技术水平、培养数字化能力等方面。

一是德国部署了多项数字化战略。例如,实施 2035 年耕作战略,由德国粮食和农业部（BMEL）牵头,制定了一系列目标和行动计划,旨在通过数字技术创新提升农业生产的可持续性和效率。促进中小型农场、规模化农场的技术应用,为数字技术应用建立法定框架条件,实现全国范围定位系统实时动态覆盖,确保农民获取公共数据。再如,融入欧盟"从农场到餐桌"战略,强调了数字化在提高资源使用效率、增强对气候变化的适应能力以及为消费者提供更多信息方面的重要性,还包括提高农村地区高速宽带互联网接入率,以支持精准农业和人工智能应用的发展。

二是创新数字化技术。数字农业资源系统的形成能够大大提升农业生产效率,推进数字农业资源系统集成。通过大数据和云技术的应用,将田地的各种数据上传到云端,处理后再发送到智能化的大型农业机械上,指挥精细作业;在"工业 4.0"的基础上发展"农业 4.0","农业 4.0"借助德国强大的工业基础实现了农业的高产、优质、生态和可持续发展。德国电信推出的"数字化奶牛养殖监控技术"使农民可以随时随地监控奶牛实况,大大提升饲养奶牛的工作效率。德国软件供应商 SAP 公司推出了"数字农业"解决方案,支持大型企业牵头研发数字农业技术,使农民在电脑上即可获取实时生产信息,以最高效率优化生产,实现增产增收。

三是培养数字化能力。在数字农业推进中,德国对农业从业者素质也有具体的要求。《联邦职业教育法》《企业法》等多部法律严格界定教育范围、技术标准、考核制度等。只有经过培育后考取"农业专业工人"证书、"农业师傅"证书,才具备了管理农场及参与培育他人的权利。并且对于农场主的子女而言,也不是简单的"继承即可经营",同样也要通过一系列的培育和考核才有资格继续从事农村生产经营,正是因为如此严格的农民职业考核制度,德国农民的素质普遍提高。同时德国农民职业教育采用"双元制"模式，这种模式核心是采用互通式教育方式，将理论学习和实践学习结合起来，让学员在学校学习理论知识的同时，也要去农场实地学习种植和饲养知识。

由此可见，德国的数字农业将互联网数据应用到农业发展之中，这种模式注重现代信息技术的使用，注重培养数字化能力，通过创新数字技术引发动力变革、效率变革，进而推动乡村产业发展的质量变革。

（四）日本：智慧农业——信息技术支撑模式

1. 形成背景

日本以信息技术为核心的智慧农业的形成，主要源于地理、人口、经济等多方面的因素。

一是地理因素。日本国土面积有限，且多山地和丘陵，导致可用于农业的土地小块分散，不适宜大规模农业经营，因此日本农业发展适合以小型家庭农场为主的集约化精耕经营模式。同时，日本地处环太平洋火山带，经常遭受地震、台风等自然灾害，若采用大规模农业更难以对抗自然灾害的侵袭，智慧农业模式一定程度上可以通过技术手段提高农业的抗灾能力，减少自然灾害对农作物的损害。

二是人口因素。日本是世界上人口密度较高的国家之一，土地资源相对紧张，小规模、集约化的农业模式能够更有效地利用有限的土地资源，满足国内对农产品的需求。农业人口高龄化的问题，导致农村年轻劳动力不足，这对农业的可持续发展构成了威胁，智慧农业通过使用自动化设备如无人驾驶拖拉机、无人驾驶飞机等进行农田作业，大大减少了对人工的依赖。这些设备可以自动完成耕作、播种、施肥、喷药、收割等农业生产环节，提高了作业效率和准确性。

三是经济因素。日本的经济发展水平较高，农业机械化和科技化程度也相对较高。即使在小规模农业的基础上,日本也能通过使用小型农业机械和先进的生产技术实现农业现代化。日本农业技术的发展促进了农业技术的智能化、农业生产的规模化、农业经营的多元化以及农业产业链的整合。这种集约化的经营方式有助于提高单位面积的产出效率,增加农民的经济收入。

四是环境因素。日本农民崇尚自然和谐共生的理念,注重生态环境保护,强调在农业生产中保护自然环境,实现可持续发展。这种理念不仅体现在生产方式上,也体现在基础设施建设上,力求使农业资源利用率达到最优,因此更倾向于采用环境友好型的集约化精耕农业模式。

2. 主要做法

智慧农业模式是一种在现代先进农业生产方式下高效利用土地和资源的集约化模式,这种模式的核心在于通过集中投入较多的生产资料和劳动力,运用先进技术和管理方法,以提高单位面积的产量和收入,具有高投入高产出、智能化管理和环境友好等关键特征。日本的具体做法在于以下四方面:

一是实施支持政策。日本政府设置农业保险以及农业财政补贴以增强农业的抗风险能力和可持续发展能力。1938年颁布的《农业保险法》以及1947年颁布的《农业灾害补偿法》均有效地保障了农业生产和农民利益。第二次世界大战后,日本将推动农业发展确定为恢复经济发展的一项重要任务。1953年,日本出台《农业机械化促进法》,该法的出台标志着日本农业机械化扶持政策的开端(薛洲、高强,2023)。同时,日本还出台了小额的、短期的融资政策支持农民购买农机,促进了农业机械的普及。日本政府高度重视信息技术在农业中的应用以及农业物联网的发展,积极开发农业网络。截至1994年底,日本已经完成400多个农业网络的开发,同时将计算机普及到农业生产部门,目前几乎已在农业生产部门实现了全覆盖。2004年,日本政府提出的U-Japan计划是基于物联网的国家信息化战略，是在之前"e-Japan"战略的基础上进一步发展的。e-Japan战略为日本物联网的发展奠定了基础，随后U-Japan国家物联网战略以及"ICT维新愿景2.0"计划相继颁布，U-Japan计划的核心理念是以人为本，实现所有人与人、物与物、人与物之间的连接。该计划强调通过物联网技术创建一个新型信息社会，其中物联网已经渗透到人们的日常生活中，如智能家居系统、数字化住宅等，使人们无论身处何地都能便捷地接受信息服务。至2014年，农业物联网技术已经普及近一半以上的农户，使日本农业在全球信息科技领域保持领先地位，并推动农业向更加智能和便捷的方向发展。

二是土地改革。农地改革是日本乡村振兴的社会基础。第二次世界大战期间，日本实行战时经济管制政策，由于劳动力大量入伍，农业生产被严重破坏，导致很多自耕农失去土地成为佃农，农村土地占有关系进一步不平等（李汉卿，2024）。战后日本进行农地改革，农村经济社会形态由佃耕制转变为自耕制，废除了寄生地主的土地所有制，实现了小土地所有制，农民之间实现了平等，大大提高了农民的生产积极性，有利于提升农业产出和农产品质量，为未来日本乡村振兴奠定了社会基础。

三是组建新型农业合作组织——农业协同组合（简称农协）。1947年日本颁布《农业协同组合法》，搭建起全国、地方、基层三级农协组织架构。① 日本农协不仅是一个针对农民的综合服务体系，还是一个政治团体，参与了日本农业的发展和政策制定。农协渗透到日本三农工作的各个领域，成功带动了小农户的积极性，为弥补农户小规模分散经营的不足、促进小农户与现代农业有机衔接作出了突出贡献。

---

① 闫坤，周旭海. 日本深观察⑨|农业现代化的日本经验及借鉴 [EB/OL]. 中国社会科学院日本研究所官网 [2023-08-22] [2024-02-28]. http://ijs.cssn.cn/xsyj/bkwz/202308/t20230822_5680551.shtml.

四是开展农业职业教育。为满足农业"六次产业化"转型发展需要以及应对农业青年劳动力大量流失的问题，日本开展农业职业教育，培养"新农民"。同时，智慧农业依赖于现代农业技术，如信息技术、生物技术、农业机械化等，需要大量具备专业农业技能的人才为智慧农业提供人力资源支持。2020年，日本政府新修订的《食物·农业·农村基本计划》将农业人力资源的可持续作为国家农业可持续发展的基础（徐梅焕、石伟平，2023）。主要措施包括：第一，依托高中、大学、教育机构等向全社会提供农业职业教育服务，开发智慧农业教材，建设智慧农业教育的师资力量；第二，国家发放补贴完善教学环境、引入新设备以及修建农场；第三，引入网络、信息通信，营造数字化教学环境。同时日本还特别关注女性职业农民的培养，从生活改善普及运动开始，逐步推进以女性为对象的农业农村政策，这体现了日本政府在性别平等方面的努力，同时也增加了农业劳动力的多样性。

由此可见，日本的智慧农业模式结合现代信息技术，进行土地改革、教育改革，促进乡村数字人才培养，对于乡村产业发展具有重要的驱动性，同时智慧农业模式能够减少人工的使用，提高生产效率，引起产业的效率变革，推动质量变革。

二、国外典型模式对比分析

（一）不同模式侧重点对比

1. 美国模式侧重点

在数字经济背景下，美国精准农业采用多元共进矩阵发展模式，多元则

"和"，共进则"谐"。这个模式侧重于多主体共同合作，强调政府、企业、教育机构和农民等共同发力，不同部门和领域相互配合与支持，形成合力推动乡村数字化进程。

（1）政府：精准农业建设的领头者。美国政府在精准农业建设过程中充当领头者的角色，从需求和供给两方面出发，分析精准农业建设中的实际问题。在需求侧，政府分析农业发展过程中遇到的挑战与潜在风险，厘清精准农业建设的重点任务，包括基础设施与网络覆盖问题、技术创新与普及问题、数据隐私和安全问题等；在供给侧，政府对于政策问题要全面仔细地讨论、研判，根据讨论的结果精准出台精准农业建设的行动法案，确保建设方向不出偏差，为精准农业发展提供更广阔的天地。

（2）企业：精准农业建设的助推者。美国农业产业化中的龙头企业，是精准农业建设的助推者，是农业产业链条的"领头羊"。首先，农业企业助推农业科技创新能力提高。农业科技企业以农业创新技术商业化为主线，加快技术创新和产业结构调整，从市场定位、项目选择、产品开发、经营管理、发展战略和机制创新等方面进行根本性改革。其次，农业企业助推农业经营模式改革。美国农业企业推动农业经营模式向现代化转变，这种现代化经营模式是多元化的，它以家庭农场为核心，结合了家庭经营的灵活性和社会化服务的规模化效应，旨在通过科技创新提高农业生产力水平。最后，助推利益联结机制合理化。美国农业企业与市场的联系较为紧密，通过市场化因素完善利益调节、保障和分配机制，使农业产业链中的各方能够公平合理地分享产业增值收益。

（3）农民：精准农业建设的参与者。首先，农民是精准农业的政策受益者。美国政府通过多项政策支持农业技术的发展，确保美国在全球农业技术领域的领导地位，并保护和支持农民及农业系统的利益相关者。其次，农民是精准农业的技术应用者。美国农民是精准农业技术应用的实践者，他们利用先进的农业机械和技术，如卫星定位、遥感技术、地理信息系统（GIS）等，来提高作物种植的精确度和效率。这些技术帮助农民更好地管理土地资源，减少浪费，提高产量。再次，农民是精准农业的创新推动者。随着科技的发展，美国农民不断采用新的农业技术和方法，推动农业创新的发展，如智能农机技术的广泛应用使农业生产更加自动化和智能化。最后，农民是精准农业的经济贡献者。农民不仅为国内居民提供了稳定的食物供应，而且农产品的出口也为国家带来了显著的经济收益。

2. 英国模式侧重点

英国订单农业模式侧重于以市场为导向，强调根据市场需求来组织农产品的生产，减少盲目生产。相比较而言，订单农业模式更适合像英国这样城镇化率较高的国家。原因在于城镇化率高的国家通常伴随着较高的收入水平和消费者对食品质量与安全的关注，订单农业能够通过合同形式保证产品质量和安全性，满足消费者对健康生活方式的追求。同时，这些国家的居民通常愿意也有能力为高品质的农产品支付更高的价格，这也为订单农业的发展提供了经济上的可行性。因此，英国订单农业模式的侧重点在于三方面：

一是产销对接，减少浪费。首先，在农业生产之前，农民就与购货方签订产销合同，先找市场再抓生产，让农业实现"以销定产"（刘洋，2023），确保了农产品有明确的销售方向和市场需求，减少生产浪费；其次，通过订单形式，将农业生产与市场需求紧密对接，销售范围得以扩大，销售环节得以减少，农产品流通效率得以提高，资本循环速度加快，农业经营者能够以更快的速度收回自己的投入。

二是质量控制，满足需求。首先，订单农业交易过程中签订的合同，对于产品的质量和安全标准有明确规定，要求农民按照特定的标准和规范进行生产，在生产过程中可能会减少化学农药和化肥的使用，转而采用更环保的生产方法，有助于保证农产品的质量和安全性；其次，购买者或相关组织往往会向农民提供技术支持和培训，帮助他们掌握先进的种植或养殖技术，从而提高产品质量；最后，订单农业模式下，农民根据市场需求来安排生产，这意味着他们更倾向于种植或养殖那些市场反馈良好的高质量农产品。

三是风险分散，保障利益。首先，订单农业模式涉及农民、合作社、企业等多个合作主体，实现风险共担，有效分散了农民个体的风险；其次，订单农业先找市场再抓生产的特点有效地降低了农民生产的盲目性，从而减小了因产品滞销而造成的损失。

3. 德国模式侧重点

德国数字农业发展模式的侧重点在于工业反哺农业，在这样的战略部署下，工业与农业结合较为紧密。众所周知，德国是著名的工业国，其工业实力在全球范围内排第三位，随着德国工业化程度的提高，工业开始反哺农业，实现工农两者之间的协调。

德国1953年制定《15—20年农业结构改革规划》标志着德国大规模反哺期的开始，具体体现在以下四方面：

一是技术应用。自20世纪90年代起，德国开始将地理信息系统、全球定位系统GPS和卫星遥感等技术应用于农业生产中。同时也在不断推广大规模、集约化、高科技的生产方式，这种模式强调利用工业领域的技术创新来提升农业的整体水平。

二是农机制造。德国是世界上最大的农机出口国之一，将先进的工业技术应用于农业机械的研发和生产，使农业生产过程中的耕作、播种、收割等环节实现机械化，农机具配置结构应趋于合理，这不仅促进了农业机械化，而且提升了农业生产的现代化水平，显著提高了农业生产效率。

三是政策支持。首先，在 2015 年，德国提出了农业 4.0 战略，这是基于工业 4.0 的延伸，旨在通过政策和资金的支持，推动农业生产的现代化和科技化。这一战略的实施促进了农业农村在工业化、城市化进程中的同步发展，显著提升了农业生产水平和科技含量。其次，德国政府通过资金支持和扶持化工企业，鼓励农业领域创新和技术升级。最后，政府对农机合作组织给予扶持，如采取资金补贴、提供办公设备以及培训组织负责人等措施，以增强农业领域的服务能力。

四是工业化农业理念。将工业 4.0 的理念运用到农业中，提出农业 4.0，德国工业 4.0 已经形成一个非常完整成熟的理念，农业在此基础上也推出智能、精准和协同的模式（娄向鹏，2023）。其不仅关注生产过程的优化，还关注农产品的加工、营销服务以及产业拓展等全产业链的发展。

4. 日本模式侧重点

日本集约化精耕智慧农业模式的侧重点是农业领域的技术创新和产业融合。由于日本多山地和丘陵，且自然灾害频发，农村年轻劳动力逐渐流失，日本需要通过农业技术创新来提高劳动生产率和土地生产率，满足本国和出口的粮食需求。第三次科技革命给日本带来了发展机遇，日本顺势提出了独具特色的农业科技创新模式即农业"第六产业"模式（郑紫璇等，2022），最早由日本学者今村奈良臣在 20 世纪 90 年代提出，以应对农业劳动力减少、农村衰退等问题。它是一种新型的农业经营模式，旨在通过整合第一产业（农林水产业）、第二产业（加工制造业）和第三产业（服务业）来实现农民增收，核心在于产业融合和地产地消，推进传统农业与加工、销售、服务等环节相结合，增强产业链韧性，同时呼吁在当地生产、加工和消费，以减少运输成本和环境影响，同时保护农业生产者的利益。"第六产业"模式的推广推动了农工商的联合，使他们成为利益共同体，促进资源共享和互利共赢。

同时，日本设定了一个特殊的双轨系统，负责推动农业创新成果的应用转化，即由政府农业改良普及系统和农协营农指导系统组成，相互辅助、相互监督，它们的有效结合也加强了政府、科研工作者、生产者和农民之间的联系，并分别于1994年和2011年推出"十大农业科技创新成果"，展现日本最新的农业科技创新成果，并大力推广及应用，使农业科技产品既具有较高品质又具有较强的竞争力。同时也制定了具有日本特色的法律法规保护农业技术发展，如2024年7月，日本政府颁布的《关于推广使用智能农业技术提高农业生产率的法案》鼓励将人工智能引入农业生产，缓解日本农业劳动力老龄化的问题，把国家对农业科技创新的支持法治化。

（二）不同模式下主要做法对比

1. 不同模式的共同点

（1）完善农村基础设施。建设数字乡村，促进乡村产业发展，完善农村基础设施是首要一步。第一，提升网络基础设施，实现农村网络基础设施的全覆盖，解决农村通信难的问题。第二，加强信息终端和服务供给，除了网络本身，还需要在农村地区普及信息终端设备，如智能手机、电脑等，并提供相应的信息服务，以便农民能够充分利用数字化带来的便利。第三，协调推进相关基础设施建设。除了网络信息基础设施外，还需要协调推进农村公路、水利、电网等传统基础设施的建设，这些也是数字乡村发展的重要支撑。

例如，美国政府对乡村的整体布局有严格要求，包括高速公路的建设，以及场地的平整。这些基础设施的建设资金由政府和开发商共同承担。英国是全球农村与城市差别最小的国家之一，通过打破城乡二元结构，建立完善的乡村保护和弹性开发体系，使乡村地区在保持生态文化的同时，获得了更多的发展机会。德国政府颁布《"改善农业结构和海岸保护"共同任务法》等法律法规，通过多种方式对乡村基础设施建设给予支持，这项法律的实施有助于推动农业结构的优化，同时也关注到海岸线的保护，确保这些重要区域的生态平衡和可持续发展。在1976年，德国对《土地整治法》进行了修订，进一步强调了保护和塑造乡村特色的重要性。《土地整治法》和《农业法》的颁布，也是为了推动小规模农户退出后的土地流转集中，发展农业规模经营，以及完善乡村基础设施。日本政府通过实施《农业基本法》等相关法律法规，提出缩小城乡居民收入差距的政策目标，为推动乡村振兴提供了制度保障，并且在其农林水产省内增设了"农村振兴局"，并建立了乡村振兴联席会议机制，以及省级地方农业局设立的农业振兴科，调动各方共同承担乡村振兴任务。

（2）注重政策支持。政府在数字乡村建设中扮演着至关重要的角色，不仅提供了基础设施建设的资金和技术指导，还制定了长期目标和规划，同时促进了跨部门的协作，确保了数字乡村建设的全面性和持续性，政府提供的政策支持为数字乡村的建设和发展提供了坚实的基础和明确的方向。

例如，美国政府每年投入资金建设农业数据库，并维持数字系统的政策运转，同时颁布《电信法》等为精准农业发展保驾护航。英国政府与电信运营商双向秩序化协同助力乡村互联网的普及，为电子商务体系的建立打下基础，并颁布《农业培训局法》，严格落实农民的考核制度，同时发布《英国农业科技战略》推动农业科技的持续发展和农业科研成果的转化。德国部署多项数字化战略支持数字农业的开发应用，自2018年起，德国粮食和农业部将数字农业列为优先工作事项，并发布了《农业数字政策未来计划》。该计划明确了发展数字农业的具体举措，为该领域的进一步发展奠定了基础；并在工业反哺农业的战略视角上提出农业 4.0，强调以工带农，推动德国农业向数字化、智能化方向转型，提高农业生产效率和竞争力，同时促进农业可持续发展。"二战"后的日本政府进行土地改革，根据自身特点实施农家小土地所有制，大大提升农民生产协作积极性，为本国智慧农业的发展奠定社会基础；日本分别在 1938 年、1947 年颁布《农业保险法》《农业灾害补偿法》保障农民利益，促进农业的可持续发展；2004 年提出 U-Japan 计划致力于发展农业物联网技术，启用了农业数据共享平台（WAGRI），整合有关农地区划、气象、农药等的数据，预测农作物最佳收获时间，并推进引入市况信息等有用数据。

（3）培育数字人才。数字经济时代也是人才经济时代（白晓玉，2023），各个国家在建设数字乡村时都会面临数字化人才短缺、人才流失严重、人才回流困难等问题。要积极采取措施培育数字化人才，满足时代需求。

美国多元共进矩阵模式下，政府联动教育机构进行数字化人才培养，开设农业技术课程和项目，课程包括传统农业知识和现代农业技术，为精准农业培育了一批具有现代农业知识的专业人才。英国政府创办了上百所农业专科学校和农业职业技术中学系统化培养职业农民，并且专门成立了监督农业职业资格证书颁发的评审委员会，为订单农业的发展提供了优质的人力资源。德国十分注重提高农业从业者的素质，制定了规范且严格的培育考核制度，采用"双元制"的教育模式，实现了理论学习与生产实践相结合（景琴玲、沈樱琪，2024），同时颁布了《联邦职业教育法》《企业法》为数字化人才的培育提供法律支撑。日本政府开展培育"新农民"的农业职业教育以应对农业劳动力老龄化问题，为农业"六次产业"转型发展提供专业农业技能的人才。

2. 不同模式的异同点

（1）发展模式不同。美国采用多元共进矩阵模型，强调政府、企业、教育机构和农民等共同发力助力数字乡村建设，实现风险共担、利益共享，不同层次和领域之间存在紧密的联系和相互作用。这种模式通常更加灵活，能够根据不同地区的具体需求进行调整和优化，以适应当地的发展条件和文化背景。而其他国家大多采用政府主导的模式，这种模式在社会协调效应方面不同于美国的多元共进矩阵模式，在适应地方特色和需求方面缺乏灵活性，可能导致国家治理现代化脱离民众实际需求的"寡头制治理"现象，从而造成资源配置效率不高等问题。

（2）融合方式不同。美国精准农业融合方式聚焦多元主体的新型农业经营方式，注重政府、企业与农民之间的相关关联与作用。英国的订单农业更多地关注产业链的形成，注重产销对接，减少农业的市场风险。德国的数字农业更多关注工业与农业的结合，强调工业对农业的反哺作用。日本的智慧农业模式更多是在"六次产业"基础上形成，这就导致其融合方式更为关注农业、农产品加工业以及农业服务业之间的融合。这与德国的融合有所不同，德国将工业生产的规律应用于农业，把土壤、水资源等视为工业投入品，组织大规模的农业生产，这种方式不受自然规律的限制，完全以人的意志来设计和控制，化工巨头通过产品线升级和外部并购，布局农业领域，提供农化产品，这些产品帮助种植业和畜牧养殖业更好更快地发展，从而促进了工业对农业的反哺。

（3）政策方向不同。美国在发展精准农业时，政策侧重于支持农业科研技术的发展；英国订单农业的支持政策更加侧重于监督农产品质量与加强环境保护；德国数字农业相关政策则多与工业结合，强调以工带农；日本智慧农业支持政策侧重于推广先进技术的应用，并明确这些技术投入与产出的比例。

（三）不同模式发展机制对比

农业模式的发展机制指的是影响和推动农业模式演变的各种因素和过程，不同国家采用不同的农业发展模式，其发展机制也有所不同。

1. 社会背景不同

美国精准农业模式是经困局后的选择，干旱、沙尘暴等自然灾害，核试验造成环境破坏，以及美国农场两极分化导致美国农业发展陷入困局，精准农业模式的开展不仅挽救了美国农业，还使美国成为世界上最大的农产品出口国之一。

英国在工业革命中变革了生产方式，使社会组织和管理方式都趋向于现代化，同时圈地运动改变了封建土地所有制，加速英国向资本主义社会过渡，以上社会背景都促使英国达到了较高的城镇化率和生活水平，从而使英国选择了更适合本国农业发展的订单农业模式。

德国在全球数字化背景下采用了数字农业的发展模式，并以其强大的老牌工业国资源反哺农业。同时德国的消费者对环保和社会责任的关注度不断提高，可持续农业成为一个重要趋势，所以采用以智能灌溉系统和精确施肥等措施来提高资源利用效率的数字农业模式。

在日本自然灾害频发以及人口老龄化的背景下，日本大力发展智慧农业，智慧农业也是全球农业发展的新趋势，日本先进的农业机械化水平和科技水平为智慧农业的实施提供了可能。

2. 资源禀赋不同

对于美国而言，首先，其拥有广阔的耕地资源，海拔 500 米以下的平原占国土面积的 55%，这为大规模精准农业的发展提供了可能；其次，其拥有丰富的淡水资源和适宜的气候带，为农业活动提供了优良的自然条件；最后，其拥有完善的基础设施和高效的农业科技，完善的交通和物流网络为农产品的运输和销售提供了便利。同时，美国的农业科技水平世界领先，在很长时间内美国主要农作物的单产水平都高于其他国家，高度发达的机械化和先进的农业技术也是美国农业高效率的重要因素。

对于英国而言，首先，其东南部农业区拥有良好的土壤条件，适合种植小麦、大麦等作物，草原区主要集中在英格兰西北部和威尔士，这些地区的高降雨量有利于畜牧业的发展，尤其是奶牛和绵羊的养殖；其次，英国属于温带海洋性气候，全年降水均匀、温度适宜，牧草水分含量高、口感好，为家畜提供了高质量的饲料，从而有助于生产高品质的乳制品；最后，城镇化率较高的英国拥有非常广阔的订单农业的市场资源，随着市场的不断变化和消费者需求的日益多样化，订单农业在英国仍然具有广阔的发展空间。

对于德国而言，首先，德国再发展可利用的土地资源有限，农业用地在欧洲属于紧缺国家之一；其次，德国位于欧洲中部，北部平原主要以温带海洋性气候为主，而南部和西部农耕区则以大陆过渡性气候为主，这种气候条件有利于农业生产；最后，德国的工业发展为农业铺垫了优质的资源，将工业思维运用到农业上，使得德国农业在机械化和技术应用方面世界领先。

对于日本而言，多山地丘陵的地形特征和人口老龄化问题限制了农业发展，同时还面临自然灾害频发的挑战，这些因素限制了农业的横向扩展。日本在智慧农业方面拥有的资源禀赋主要体现在其对农业物联网技术的重视和投入上。早在 2004 年，农业物联网就被列入日本政府的计划之中。通过 U-Japan 计划，日本推动了人与人、物与物、人与物之间的连接，旨在构建一个无处不在的网络社会，其中农业物联网技术是核心组成部分。此外，日本还大力推广使用农业物联网技术，以提高农产品的生产效率和流通效率。这些技术的应用不仅提升了农业生产的智能化水平，还有助于解决农业劳动力高龄化和不足的问题。截至 2014 年，全日本已有超过一半的农户选择使用农业物联网技术，这表明日本在智慧农业方面的资源禀赋已经得到了广泛的应用和认可。

3. 制度体系不同

美国精准农业模式采用的是一种以农机为核心，结合数字化、精准化、智能化技术的制度体系。其起始于 20 世纪 80 年代，美国根据自身农业发展的机械化、自动化程度，在农业生产过程中，将农业数据和信息进行分析处理后对农作物进行种植选择，同时美国也制定实施了相关"精准农业"计划，通过数字技术对气候、土壤、水量等进行密切监测，判断农作物是否缺乏营养、化肥投入是否合理，最大程度地实现资源节约。由此可见，美国的精准农业模式需要结合数字化、精准化、智能化等，发展壮大家庭农场等农业经营主体，提升相关收入。

英国订单农业模式采用的是以市场驱动和合同协议为基础的制度体系。早在 2013 年英国就发布了《英国农业科技战略》，提出将大数据、信息科技、生物技术等现代农业技术赋能现代农业，通过农业技术创新提升农业经济效益和竞争力。英国订单农业模式以数字网络为支撑，通过农户、农产品加工企业等签订共享信息协议，提升产品与价格的匹配度，鼓励乡村产业的创新发展。

德国数字农业模式采用的是高度现代化和数字化的制度体系。德国的互联网数据是数字农业的主要构成部分，能够有效解决由于地理空间分割导致的资源不均衡分布、产业优化延迟等相关问题，数字农业作为一种典型的现代农业模型，创造了一个全流程数据体系，这个数据体系以农业数字化发展为核心，向第二、三产业纵横向拓展，使其相关的第二、三产业具有显著的数字化特征，实现多方合作共赢。

日本集约化精耕智慧农业模式采用的制度则以高度注重技术创新和政府

支持为特点。日本的农业采用微耕技术，以小规模精细模式为主，通过精细化种植、生态化生产，以及细致化管理与先进技术，形成"大而专"的模式。即使是没有任何种植基础的小农户，严格按照规范种植，也能种出高品质、高附加值的优质农产品。这种精细化的模式需要以信息技术为支撑，并且需要政府支持，形成多元化的智慧农业。

总之，美国、英国、德国、日本的乡村数字经济赋能产业发展的实践表明，虽然不同国家采取的模式不同，但基本是不同的数字技术在农业产前、产中、产后的应用，然而，这些模式的主要做法、侧重点、发展机制又不完全相同，总结如表6-1所示。

表6-1　国外典型模式对比分析

	侧重点	主要做法	发展机制
美国	注重多元共进矩阵发展，强调农业生产过程中的技术控制	由专门机构收集分析农业数据，对农业生产进行专业化精准化技术指导	通过农业数据分析，精准指导农业生产管理技术，实现农业从机械化向信息化转型
英国	注重农产品产销对接，关注市场供求问题	通过"以销定产"的形式，减少产品滞销造成的损失，提高农户效益与提供高品质产品	通过数字网络优化市场资源配置，减少农产品供求匹配问题的出现，实现产销精准对接
德国	强调工业与农业产业的深度融合，关注工业对农业的反哺	基于互联网数据形成全流程数据生态体系，为市场主体提供决策参照	助力农户对全流程数据信息的精准把握，充分发掘农业功能多样性，实现农业生产、生活、生态一体化
日本	强调农业、农产品加工业与服务业的融合，关注技术创新	在现代先进农业生产方式下高效利用土地和资源的农业生产方式	通过集中投入较多的生产资料和劳动力，运用先进技术和管理方法，以提高单位面积的产量和收入，具有高投入高产出、智能化管理和环境友好等关键特征

资料来源：笔者整理。

三、国外典型模式的主要成效与制约因素

（一）国外典型模式的主要成效

1. 美国精准农业模式的成效

美国是最早实施精准农业模式的国家之一，其精准农业模式的成效表现在以下三个方面：

第一，提高了美国农业生产的效率。通过精准种子工程、精准播种、精准施肥、精准灌溉等技术系统，美国的农业生产效率得到了显著提升。这些技术能够确保作物在最适宜的条件下生长，从而减少资源浪费，提高作物产量和质量。

第二，推动了美国农业科技创新。美国精准农业的发展推动了相关科技的创新，如基因编辑、微生物组研究等，这些都是未来农业领域科技突破的关键核心技术。由美国农业部经济研究服务局在 2023 年 2 月发布的《1996 ~ 2019 年间精准农业实施趋势报告》可知，已经有超过半数以上的农场使用导航系统和自动驾驶技术进行管理。

第三，扩大了美国农业市场规模。2019 年，使用自动驾驶技术种植高粱和棉花的农场面积已经达到 72.9% 和 64.5%。同年，美国 40% 的农场和牧场面积使用了 GPS 应用程序辅助农作物的耕种收割，并且会根据农场规模的大小调整精准农业技术的使用率。[1] 这些技术的发展不仅促进了农业生产方式的变革，也为农业可持续发展提供了新的可能性。预计到 2030 年，全球精准农业的市场

---

[1] Jonathan McFadden, Eric Njuki, and Terry Griffin. Precision Agriculture in the Digital Era: Recent Adoption on U. S. Farms [J]. Economic Research Service, 2023 (2).

规模将达到 120 亿美元，① 这表明精准农业有着广阔的发展前景和市场空间。

2. 英国订单农业模式的成效

英国订单农业模式的成效主要表现在以下三个方面：

第一，建立了完整的农业科研、推广、教育体系。英国设有多所综合性农业大学及农学院，在全国各地都设立了农校，其中包含一流的大学和国家级农业科研机构，如诺丁汉大学、爱丁堡大学等，这些机构聚集了顶尖的农业科技专家和强大的科研能力，为产业发展提供了研发支持。

第二，推动了低碳农业的发展，英国订单农业的发展不仅促进了农业生产方式的现代化和效率化，还通过政策协同、技术创新和市场引导等方式促进了本国低碳农业的发展，英国作为《联合国气候变化框架公约》（UNFCCC）的缔约方之一，于 2008 年颁布并于 2019 年修订了《气候变化法案》，成为世界上第一个用法律形式确定净零排放（Net Zero）目标的国家。2018 年，英国农业整体温室气体排放量仅占全国温室气体排放总量的 10%，英国致力于实现农业的环境友好型发展，以确保当前和未来的生态平衡。

第三，促进了英国农业品牌建设。发展订单农业是塑强品牌的"捷径"，依据市场需要和消费者需求，反向推动农业结构转型升级，有利于打造知名农业品牌。例如英联农业，这是一个在全球范围内都有影响力的农业品牌，它在中国拥有强大的生产基地和技术研发中心，推动了中国饲料生产的标准化，对中国畜牧业的发展做出了贡献。

3. 德国数字农业模式的成效

《2022—2026 年德国数字农业市场投资环境及投资前景评估报告》显示，德国在数字农业试点项目中投入 5000 万欧元，用以支持农业数字化发展以及数

---

① 称霸世界！美国未来农业：九大趋势引领变革［EB/OL］. 农业行业观察［2023-09-28］. https://baijiahao.baidu.com/s? id=1778243995845269877&wfr=spider&for=pc.

字农业基础设施建设。德国农业机械化程度在全球首屈一指，是欧盟最大的农产品生产国之一。截至2024年，生物能源、有机种植、数字化农业、农业可持续发展在德国广受关注且发展迅速。德国数字农业成效主要有以下三个方面：

第一，提高了农业的智能化与精准化水平。德国目前已拥有先进的遥感技术、地理信息系统和应用卫星系统以获取基础的农业信息数据，同时可以通过室内计算机自动控制系统控制大型农业机械精准实现农田生产管理。

第二，促进了农业全产业链协同化。德国种类多样且服务优良的合作社组织在一定程度上打破了农、工、商、政府之间的界限，使农业全产业链各个环节连接顺畅，形成系统、完整、高度协同的产业体系，上下游产业增值效应明显。

第三，提升了农民职业化水平，实现农民增收。在严格的农民教育培训体系之下，德国农民的专业化水平大大提升，不仅擅长农田作业，还擅长农场经营管理，是农业企业化经营的全才。同时，德国农民的收入也显著提升，据德国农民协会的统计，2024年德国农民的平均年收入为43000欧元。

4. 日本智慧农业模式的成效

日本集约化精耕智慧农业成效主要表现在以下三个方面：

第一，培育了职业农民。日本通过文部省、农林水产省以及地方农业技术普及中心等部门的共同参与，搭建起一个较为健全的职业农民培训体系，这样的体系有利于不同培训部门间的有效协作，为日本智慧农业发展培育了高质量的职业农民，提升了农业产业的整体水平和国际竞争力。

第二，构建了成熟的农业物联网体系。农业物联网在2004年以列入日本政府计划，截至2024年全日本已有一半以上农户选择使用农业物联网技术，农业物联网市场规模以及农产品出口额都大大提升。① 农业物联网技术的应

---

① 日本农业是如何玩转现代化？3点借鉴，10大玩法［EB/OL］. 乡村观察家［2025-05-07］. https：//mp. weixin. qq. com/s?__biz＝MzUyNzAzODY4Ng＝＝&mid＝2247563515&idx＝2&sn＝93dbe181cedfd00cd1ba3affdf546af2&poc_token＝HMxBY2ijcfCgSGdD9wnOHkUKWKN69RL57eUNKZdI.

用有助于应对日本农业劳动人口高龄化和劳动力不足的问题,通过技术提高生产力,减少对人力的依赖。

第三,提高了农业生产效率。日本智慧农业模式实现了生产过程、经营管理和销售服务等环节的全链条智能化,推动了日本农业从传统的"靠天吃饭"向"知天而作"的转变,通过精细化管理减弱气候变化对粮食生产的影响,保障了作物产量的稳定性,不仅提高了生产效率,而且增强了农业的可持续性和抗风险能力。

(二)国外典型模式的制约因素

1. 美国模式的制约因素

虽然精准农业模式对于美国农业的发展起到重要的作用,取得了多方面的成效,但该模式发展受到诸多因素的制约:

第一,数据质量和隐私保护。高质量的数据是实现精准农业的基础,要实现精准农业,需要大量的农业数据,包括土地的性质、气象数据、作物生长状态等,这些数据需要通过传感器、卫星遥感等技术手段进行采集和处理,同时精准农业领域涉及大量敏感数据,包括个人隐私信息和商业机密,这些数据的安全和隐私与农民和企业的利益紧密相关。所以提升数据质量和注重数据的隐私保护是美国精准农业发展面临的挑战和制约因素。

第二,科技创新与技术应用。科技创新与技术应用是精准农业发展的核心动力。精准农业需要依靠各种技术手段,包括传感器、卫星遥感、机器视觉、人工智能等,这些技术需要不断更新和完善,同时需要推广到更广泛的农业生产领域中,农业科技创新若跟不上精准农业的发展速度会使农业生产效率受限,降低本国农业的产业竞争力,这需要政府、企业和农民的共同努力。

2. 英国模式的制约因素

英国的订单模式对其农业的发展起到重要的推动作用,但订单农业存在很多问题，制约着其发展。

第一，订单合同违约风险。订单农业模式是一种市场化的农业的产销组织形式，依靠农产品生产者与下游农企或服务商签订供销协议进行正常的生产和销售。但是这种模式会出现实际履行订单农业合同的比例较低，违约率较高的情况，农户或企业违反、不遵守合同甚至毁约的情况时有发生，这严重影响了订单农业的稳定性和可信度。

第二，盲目跟风现象。一些生产者可能过于关注当前热门产品，忽视了市场实际需求和长远趋势，导致产品滞销或价格下跌。同时部分农民为了追求短期利益，选择种植市场上热门的作物，导致某些产品的供应过剩，价格下跌，这种单一作物种植的模式缺乏对市场变化的长期考虑，容易造成市场波动和资源浪费。因此，英国的订单农业需要更加科学合理的规划和管理，以避免盲目跟风现象的发生，这需要政府、企业和农民加强对市场的分析和预测，制订合理的生产计划，并建立完善的管理与服务体系。

第三，产业链对接不规范。首先，订单农业的核心在于农产品的标准化和规模化生产，然而，并非所有农产品品类都适合订单农业，需要满足一系列硬性的标准指标，如产品的含糖量、果径、微量元素含量等，如果这些标准没得到广泛认可和执行，就会导致产业链对接不规范。其次，尽管英国的信息化技术较为成熟，但在农业产业链中的应用仍有提升空间。互联网技术的应用可以整合金融、物流等资源，提升生产流通效率，实现产业链去中间化，如果这些技术应用不到位，也会影响产业链的有效对接。

3. 德国模式的制约因素

德国的数字农业发展存在数字人才短缺、农业数据泄露、农业用地紧缺等问题，制约数字农业在德国的发展。

第一，数字人才短缺。数字人才是数字农业发展中最活跃的推动力，德国 IT 行业在 2020 年有 8.6 万个工作岗位缺人，[①] 这一情况至今没有得到改善。人口老龄化也让德国劳动力短缺问题加剧。2022 年德国的 IT 人才缺口达到了 149000 人，比去年增加了近 12000 人，创下历史新高，目前只有 2% 的德国企业认为 IT 人才在劳动市场上的供应是足够的。[②] 德国数字人才的短缺会导致技术创新的速度和质量受限，同时会导致德国农业数字化转型过程中出现技术和管理上的障碍。

第二，农业数据泄露。数据安全问题不仅关系到个人隐私，还可能影响到整个农业生产系统的安全与稳定。德国政府正在积极推动农业数字化转型，以降低农业投入成本、提高生产效率，并在全球竞争中保持优势，但农民对于上传农场数据到网络的安全性仍持怀疑态度，这种担忧源于对个人和农场数据可能遭受未授权访问或滥用的风险的认识。

第三，农业用地紧缺。德国的农业用地资源占全国总面积的 53.5%，可耕种土地为 1185 万公顷，永久作物用地仅为 20 万公顷，这在欧洲属于较少的水平。[③] 德国的地势特点是北低南高，北部地区由于城市化程度较高，多为居住区，而农业用地主要集中在南部的山地和高原地区。这种地理分布导致了农业用地的不均衡，加之城市化进程对土地的需求，使可用于农业的土地资源相对紧张，这会限制数字农业提升农产品生产效率和质量。

4. 日本模式的制约因素

智慧农业作为日本数字经济发展过程中的典型模式，在日本农业发展中发挥重要的作用，但日本农业发展受到自然灾害频发、耕地资源有限、人口

---

① 于超凡，谢亚宏，昭东，赵觉理. 欧盟数字革命德法意为何"拖后腿"？[EB/OL]. 环球时报 [2022-06-17]. https：//world. huanqiu. com/article/48S9268SicN.

② 速看 bitkom 最新数据！德国 IT 人才缺口创历史新高！[EB/OL]. 搜狐网 [2023-12-15]. https：//www. sohu. com/a/744393217_121124334.

③ 德国农业：农业 4.0 模式引爆农业升级转型 [EB/OL]. 搜狐网 [2022-10-27]. https：//www. sohu. com/a/600125467_121478005.

老龄化问题的限制。

第一，自然灾害频发。首先，台风、洪水、地震等自然灾害会导致农作物受损，作物可能被直接摧毁，或者因为灾害导致的土壤流失和灌溉系统破坏而间接受损，进而影响作物产量和质量。其次，日本的农业基础设施老化问题严重，这在自然灾害发生时尤为突出，因为老化的水利设施、农舍等在灾害中容易受损，增加了农业生产的风险。自然灾害发生后，农业的恢复和重建工作往往进展缓慢。这不仅会影响短期内的农业生产，还可能对农民的长期生计造成影响。

第二，耕地资源有限。日本多山地丘陵，丘陵地区的耕地往往分布较为零散，地块规模小，可大片耕种的土地面积有限，这使农业机械难以进入和作业，从而限制了智慧农业中机械化部分的发展。且在多山的地区建设农业基础设施，如灌溉系统、运输网络等，需要更高的成本和更精湛的技术，这可能会延缓智慧农业的发展速度。所以多山地丘陵的地形特点使日本即使引入先进的智慧农业，也无法达到平原地区的生产效率。

第三，人口老龄化。日本的人口老龄化问题在农业领域表现得尤为明显。首先，随着年轻人大量涌入城市，农村地区的劳动力老龄化严重，导致农业劳动力数量减少，特别是在青壮年劳动力方面，这直接影响了农业生产的效率和规模。其次，由于老年农民可能不太愿意或无法掌握新的农业技术，这导致先进技术难以在农业中快速普及和应用。最后，农户往往习惯于种植单一种类产品，这使农业受市场波动的影响更大，缺乏多样性和灵活性，市场适应性差。

四、国外典型模式的启示

上述典型发达国家的乡村数字经济赋能乡村产业发展的三大变革表明，

不同国家在乡村产业发展过程中所采取的策略并不完全相同，但存在一定的共同性，对这些模式经验的归纳有助于乡村产业发展。如典型国家的数字化乡村产业发展均离不开政府政策的主导，即使是市场经济较为发达的国家，也需要政府或多或少的干预，政府出台相关的规划和实施策略，优化数字经济与乡村产业发展总体布局，对产业发展的质量变革、效率变革与动力变革进行引导和激励。除此之外，还涉及科技创新、数字基础设施、法律法规、数字人才等多方面的经验。

（一）鼓励科技创新与应用

在数字经济背景下，不论采用何种农业模式，每个国家在乡村产业振兴时，政府都会大力支持农业科技发展，生产技术科学化是农业现代化的动力源泉。新时代以来，中国经济由高速增长向高质量发展转变，发展新质生产力是推动高质量发展的内在要求和重要着力点，农业作为国民经济的重要组成部门，也应遵循这个逻辑。新质生产力发展不足是我国农业强国建设的最大短板（林万龙，2024），我国农业在生产效率、科技创新、高水平人才支撑等方面与发达国家还存在一定的差距。典型发达国家的案例表明，科技创新是推动产业发展的巨大驱动力，因此，在我国数字化赋能产业发展的过程中，也要鼓励科技创新与应用。

第一，提升自主创新能力，尤其是现代生物技术、信息技术、工程技术等领域的创新。政府部门应将政策支持、补贴发放等信息进行实时共享，推进数字政府建设，减少信息传递成本，鼓励科技创新与应用。

第二，提升农业科技成果转化率。"政府+科技企业+农业研发机构"应用模式创新，推进企业与农业研发机构合作，不能让农业科技成果只停留在实验室，应畅通科技转化渠道，健全利益分配共享机制（孟凡等，2024），加强科技成果的应用与推广。

第三，加大农业科研经费投入力度。政府科研经费的支持是农业科技创新的保障，政府经费应适度向乡村重点项目倾斜，设立专门的农业投资基金，吸引投资者投资农业领域，为农业企业或项目提供资金支持。

（二）完善乡村数字基础设施

乡村数字基础设施的建设是实现数字乡村的关键前提。上述四个典型发达国家的案例已表明，基于乡村产业发展的现实情况，对乡村数字基础设施进行优化合理布局是促进产业发展三大变革的必要前提，目前很多国家已大体完成乡村数字基础设施的推广，正在积极推进基础设施数字化应用。在我国数字经济赋能产业发展，也离不开数字基础设施的完善。

乡村数字基础设施建设是一个多方面、多层次的系统工程，它不仅包括硬件设施的建设，还涉及服务、管理等多个方面的提升，是实现乡村振兴战略的重要支撑。首先，要提供基础网络服务，实现乡村网络宽带的全覆盖，解决农村通信难的问题，使农民获取信息和服务更加便利；其次，要推动传统基础设施的数字化升级，对农村公路、水利、电网、农产品冷链物流等传统基础设施进行数字化改造，以适应现代化农业和农村经济发展的需求，这包括智慧水利、智慧交通、智能电网、智慧农业和智慧物流等方面的建设。

（三）健全法律法规体系

健全的法律法规是乡村建设的重要保障，其不仅为乡村建设提供了制度化的支持，还为乡村的可持续发展、社会的和谐稳定以及农民的合法权益提供了坚实的法律基础。典型发达国家在推进数字化进程中，政府出台了一系列相应的法律法规支持数字化建设，以保障乡村数字化的顺利进行。因此，数字化建设需要健全的法律法规体系作为保障。

第一，制定和完善法律法规体系。制定和修订与乡村振兴相关的各项法律法规和政策，确保它们能够适应新形势下乡村发展的需求。这包括土地管理、农业支持、农村金融、生态保护等方面的立法。同时要提高法律法规的适应性和灵活性，建立法律的动态调整机制，及时修订不合时宜的法规条款，尤其是对于农业数据保护的相关法律，要及时建立和修缮。

第二，加强法律法规的宣传和普及。通过多种途径开展法律宣传和教育，如法治讲座、法律知识竞赛、短视频宣传等，提高农民对法律法规的认知度，让他们了解自己的权利和义务，增强法治观念和法律遵从能力。

第三，加强执法监督。强化执法机构的职责，确保法律法规得到有效执行。同时，加大对违法行为的查处力度，严厉打击侵害农民权益和破坏农村发展环境的行为。

（四）培育职业农民和专业人才

人是生产力中最活跃的因素，农业人才是乡村振兴和农业现代化的关键因素，特别是数字化人才，是数字乡村建设的重要支撑，发达国家的经验已表明，数字化人才在产业发展变革中具有重要作用，我国产业发展亦是如此。

第一，联合高校和教育机构建立产教融合的教育模式，让学生在提升专业知识的同时掌握实践能力，为现代农业发展提供内在驱动力。

第二，实行激励政策，将人才引入乡村。通过实施差别化政策和完善激励机制，鼓励乡村人才积极参与到农业生产和农村发展中去。吸引具有高学历、高技能的人才进入农业领域，以提高整个行业的创新能力和竞争力。

第三，重视职业农民的培育。由于资源有限和农村地区基础设施落后，中国农民的教育程度普遍偏低，且没有完整的培训体系和相关政策对农民进行职业教育和考核。因此，要提升我国农民的专业知识和整体素质，以适应我国现代化农业的发展。

（五） 因地制宜构建产业发展模式

不同国家具有不同的地理环境、气候条件、经济发展水平和文化背景，应科学规划和合理布局，放大本国优势，形成适合本国国情的农业发展模式，绝不可照搬照抄他国模式。美国耕地面积富足且科技发达，采用精准农业发展模式发展大农场，实现规模优势；英国城镇化水平高且气候适宜，采用订单农业的发展模式满足高质量农产品的市场需求；德国较高的工业化水平已为农业发展奠定了极其牢固的机械和技术基础，采用数字农业发展模式，以工业反哺农业，提升农产品质量和农业生产效率；日本地形崎岖，不适合大规模耕种且农村人口老龄化严重，采用集约化精耕智慧农业模式，通过提高土地和资源的利用效率来削减这些因素带来的不利影响。我国与日本的资源禀赋较为相似，相较于中国的人口数量，耕地面积有限，形成人多地少的局面，且许多地区地块零散，不利于规模化经营，所以小农户家庭经营是我国农业目前的主要经营方式。中国幅员辽阔，拥有多样化的气候类型和土壤条件，为农业生产提供了丰富的土地资源和多样的生产环境，为生产多样化的农产品提供了条件，但农业资源分布不均，各地资源禀赋差异较大，所以应该因地制宜，依据不同地区特色发展优势产业。

（六） 构建防范农业风险体系

做好农业风险管理对于农业的可持续发展、农民收入的稳定和农村社会的稳定都具有极其重要的意义。就我国农业而言，面对国内外环境的巨大变化，做好农业风险管理，对于粮食和重要农产品稳产保供、充分发挥农业农村压舱石作用具有重要战略意义。在数字经济时代，我国农业面临更多新型风险，如农产品质量安全风险、农业生态环境风险、农业数据安全风险等。农业风险管理已经不局限于政策工具和手段的变化，更重要的是理念、制度系统和框架的构建（张峭等，2020）。美国农业风险管理体系是由农作物保险计划（Federal Crop Insurance）、农业商品计划（Farm Commodity Programs）和农业灾害救助计划（Agricultural Disaster Assistance）三大计划组成的较完备的体系，三大体系合在一起被美国农业界称为"联邦农业安全网"。美国农业风险管理有三个突出特点，也是值得我国借鉴的三点：第一，政府主导，建立统一的组织领导体系，在政府的领导和监督下体系内各部门分工明确、透明高效；第二，要根据社会经济形势的变化不断调整和完善农业风险管理政策体系；第三，重视市场机制的作用，市场化程度更高的农业保险计划地位不断上升，成为美国农业安全网的核心和基石。

五、本章小结

本章梳理数字经济推动乡村产业发展背景下四个典型国家在质量、动力、效率变革下的不同模式，并对其进行对比分析，对标我国情况得出相应启示。各国依照自己的优势和劣势，选取了不同的农业发展模式。美国采用精准农业模式，利用其强大的信息技术优势提高农业生产效率和市场竞争力，以应对环境污染、农场两极分化等问题，目前美国农业已经居于全球领先地位。订单农业模式对于英国有较高的适配度，英国完善的电子商务体系和强大的农产品市场需求促进了订单农业的繁荣发展，订单农业模式与英国的农业发展现状和未来规划也相契合，英国农业呈现市场化的特点。德国紧紧抓住全球数字化这个趋势，推动农业领域数字化，采用数字农业的发展模式，在工业部署的强大的机械和科技基础下，提出农业 4.0，以工带农推动农业农村现代化。作为东亚小规模精细化农业的代表，日本强调细致的农艺管理和小规模的家庭经营模式，采用集约化精耕智慧农业模式发展农业，虽然经营规模小，但农户专业化程度高，兼业农户多。这种发展模式不仅抵消了土地碎片化、人口老龄化带来的不利影响，还使日本成为全球农业现代化的典范。

上述四个典型国家的案例表明，这些国家乡村产业发展模式的形成离不开政府的支持、数字基础设施的完善及数字化人才的参与等。因此，国外典型模式的主要经验聚焦于鼓励农业领域的科技创新与应用、完善数字化驱动的乡村基础设施、健全风险防控的法律法规体系与培育新时代职业农民和农业专业人才这四方面。在"大国小农"的国情之下，中国不能摒弃以小农为基础的发展方向，要在党的领导下，坚持探索有中国特色的现代化农业模式。因此，我国数字经济赋能乡村产业发展的变革也需根据本国国情制定农业发展模式、做好农业风险管理、注重乡村数字化人才的培养等。

第❼章
数字经济推动乡村产业三大变革的中国实践

数字乡村可拆分为两部分，一部分是数字，另一部分是乡村，构建虚拟的"数字世界"将其融入现实的"乡村产业发展"，形成一个市场—产业组织—数字技术三者循环关联的闭环逻辑，并对这一过程中质量、效率与动力变革进行分析，推进乡村产业发展。赵德起、丁义文（2021）从内部机制与外部机制两方面探索数字化如何推动乡村产业发展与振兴，重点关注数字资源如何驱动农民数字化改造这一内部机制，强调数字经济、社会、政府等主力如何加强数字化协同共生这一外部机制。谢文帅等（2022）所提出的数字化治理、平台化经济组织与农村生产力、生产关系的发展与变量的观点，解析数字经济推动乡村建设与变革的内在机理与相关的衔接机制。本章将围绕数字经济推动乡村产业发展的质量、效率、动力变革的国内实践进行，分别以江苏吴江的智慧农业实践模式、浙江杭州的电子商务模式、河南兰考的数字金融模式及湖北秭归的数据信息模式为案例，对不同模式下的侧重点、主要做法、发展机制进行对比，并分析每种模式取得的实践效果，在此基础上，探究国内主要模式的现实堵点。

一、典型模式简介

（一）江苏吴江：智慧农业模式

1. 形成背景

吴江区拥有良好的区位优势和农业基础条件，属于北亚热带季风海洋性气候，夏热冬温、降水充沛，且 PM2.5 浓度较低，为农作物生长提供了优良的气候条件和清洁的生长环境，以"鱼米之乡""丝绸之府"著称。作为长江三角洲中心腹地，区域内的人流、物流、信息流的流通都较为发达，拥有较高的现代化发展水平及政策倾斜，这为乡村产业发展提供了环境与资源优势。

智慧农业是以信息和知识为核心要素，通过现代信息技术和智能装备等与农业深度跨界融合，实现农业生产全过程的信息感知、定量决策、智能控制、精准投入、个性化服务的全新农业生产方式，智慧农业是农业信息化发展从数字化到网络化再到智能化的高级阶段（赵春江，2021）。在乡村振兴战略的重大战略背景下，智慧农业模式主要以苏州为代表，涉及农业互联网公司模式、智慧农村模式、智慧型共享农庄模式等。其中农业互联网公司模式以布瑞克农业大数据科技集团有限公司为代表，该模式通过汇集分析温度、阳光、水气、肥料等相关数据信息，运用互联网进行远程诊断、自动控制、品牌塑造、线上销售等方面全过程动态管理，这种模式减轻了供求双方的信息不对称问题，从而降低相关商品的流通成本；利用其技术的低成本优势，推进智慧农业过程中的中小型农场等的应用。智慧农村模式主要以张家港市为代表，该模式通过将乡村不同区域的数字服务与平台相联系，形成天—空—地三者一体化的智慧农业系统和融合信息化的供应链，从而带动农业产业运营效率，推动农业转型升级。农业机械化智能化是技术进步和农业生产方式转变的核心内容（王晓兵，2023）。智慧型共享农庄模式以吴江区为代表，该模式主要利用数字技术等进行核心生产区的追溯，统一监测农产品，主打绿色、有机品牌，提升农产品品质，在数字技术的渗透融合过程中推动农业的多功能发展，促进农业生产经营方式的转变。吴江区站在智慧农业的风口，以数字化撬动农业农村各领域改革，全力打造农业现代化先行区"吴江样板"。吴江区紧扣乡村振兴战略的总目标——农业农村现代化，对照农业现代化先行区建设要求，聚焦智慧农业农村发展，创新工作举措，将云计算、传感网、3S等现代信息技术综合运用于农业生产过程中，实现农业信息精准感知与控制，促进农业科学决策管理，融合了不同模式的优势，促进新旧产能更替，加快探索全域推进数字技术与农业农村深度融合的江南水乡农业现代化发展路径，全力打造现代农业高质量发展示范样板。

2. 主要做法

吴江区以建设现代农业产业园区为抓手，全力打造现代农业高质量发展引领区，推进智慧农业发展。产业园区总体布局为"一核一带，四区多点"，在产业园区内部搭建数字农业管理平台、打造农业科技创新中心以及开展产学研深度合作。

（1）搭建数字农业农村管理平台。将数字手段融入农业农村管理过程，是农业现代化的高级阶段，是我国由农业大国迈向农业强国的必由之路（王海侠、屈林婧，2024）。吴江区围绕"1+2+N"的整体架构，构建了一个全面、高效、智能的数字农业农村管理平台。"1"代表一个数据中心，这是整个管理平台的核心，负责收集、存储与农业农村相关的大量数据，为农业农村发展提供有力的数据支撑。"2"代表两个平台，分别是农村基础信息管理平台和农业地理信息系统平台。这两个平台涵盖了从数据采集、监测预警到决策分析、展示共享的全方位功能，确保了信息的流通和有效利用。"N"代表 N 个覆盖生产、管理、服务、决策与营销的业务应用系统。这些系统针对不同的农业农村领域，提供了专业化的服务和管理，如全产业链的智慧农业产业体系建设等。

（2）打造农业科技创新中心。农业新质生产力是引领现代农业变革的根本动力，是实现农业高质量发展的重要依靠，是建设农业强国的强大动能（樊胜根等，2025）。吴江区围绕特色主导产业链建设农业科技创新中心，打造"基金+项目+人才+农创中心"的农业科技创新模式。制定《新时代推进科技创新跨越发展三年行动计划（2021—2023 年）》，旨在提升科技创业载体的运营质效，广泛集聚高端科研机构和高层次创新创业人才。2021~2023 年，苏州共立项市级农业科技项目 29 项，获得经费 368.79 万元；积极培育农业领域创新主体，全面提升吴江区农业自主研发能力，全区已有农业领域高新技术企业 32 家，省级农业科技型企业 23 家，两项数量均位列苏州第一；积极申报创建省级农业科技示范展示基地，已成功建成 5 个省级农业科技示范展示基地，2 个等待验收。①

（3）开展产学研深度合作。吴江区积极与我国著名的农业科研院校合作，为农业科技创新提供第一手资料；积极打造农民培育实训基地（农民田间学校），汇聚农业技术专家、基层农技推广人员等各方教学人才，使农民农业理论知识更为扎实，更好地与田地实践相结合进行科学化管理；持续深化新型职业农民培育体系，以提升培育质量为重点，坚持培训和农事相结合、理论与实际相结合，开展高素质农民培育工作。截至 2023 年，吴江区共拥有

---

① 数据来源：作者根据苏州市农业农村局官网公布数据整理所得。

省级高素质农民培育实训基地（田间学校）4 家、苏州市新型职业农民教育实训基地 3 家，数量位居苏州大市前列。吴江区在产学研合作方面采取了多元化的策略，包括组织交流活动、建立合作平台、提供政策支持等，这些都有助于构建一个良好的创新生态系统，促进知识和技术的流动，提升企业的创新能力和竞争力。

3. 侧重点

江苏吴江智慧农业模式为解决传统农业生产过程中的弊端，侧重于建设"一核多片"集群发展的现代农业产业园区，即构建一个以国家级现代农业产业园区为核心，省市级和区级园区为支撑的多层次、全方位的现代农业发展体系。依托区域优势和特色产业，高质量推进现代农业园区建设，完善了包括高标准农田建设、基础通信网络建设、基础地理信息采集等基础设施建设，强化了物联网系统、智能化水田灌溉系统、智慧农业决策系统等软硬件集成系统建设。借助信息通信技术和数字平台，通过对农业生产过程的精准控制，减少农业生产过程中的自然风险、市场风险等，推动乡村产业多元协调发展，形成农业、文化产业、旅游业等多业态融合发展模式，拓展产业的多功能性，延伸产业链，促进线上线下多渠道产业融合，加快农业农村现代化进程，赋能乡村产业的质量变革。

在政策和市场的强势带动下，吴江区农业产业园已成为创业的天堂、创新的乐土。截至 2023 年 8 月，产业园已成立土地股份合作社 47 家，培育壮大市级以上农业龙头企业 20 家、农民专业合作社 189 家、产业化联合体 12 家、家庭农场 131 家，入园就业农民总人数达 80142 人，农户与合作社或龙头企业建立利益联结机制的比重超 100%；2021 年产业园农民人均可支配收入达 5.38 万元，高出全区平均水平 31.76%。①

① 数据来源：作者根据江苏省人民政府官网公布数据整理所得。

4. 实践效果

吴江智慧农业模式的实践效果主要表现在以下四个方面：

（1）农业设施提档升级，农机装备快速发展。首先，在智慧农业模式下，吴江区致力于推动农业机械化转型升级。这包括粮食生产全程机械化的提档升级以及特色产业关键薄弱环节的全面机械化，旨在提升农业机械化的水平和能力，以更好地服务于乡村振兴战略。2009 年成为全省首批率先基本实现水稻生产机械化的县（市），且机械化种植率持续稳定在 95% 以上。① 其次，吴江区还注重强化能力建设与政策扶持。在政策扶持下，区内的物质装备水平得到了提升，例如蔬菜设施基地面积的增加以及高标准农田的建设。吴江区依托国家现代农业产业园的建设，推动了粮食生产全程机械化，并在此基础上探索"无人农场"和"大田托管"。这些探索有助于实现小麦和水稻耕种管收的全程"无人化"，并向产业园其他区域和外省市输出推广这一模式。通过这些措施，吴江区正逐步实现农业现代化的目标，为区域内的农业发展奠定了坚实的基础。

（2）农业科技进步显著，质量建设水平领先。农业企业产学研深度融合是国家实施农业供给侧结构性改革，促进农业科技成果转化、破解农业科研与农业生产"两张皮"的重大举措（彭思喜等，2023）。吴江区积极探索和应用智慧农业技术，推动数字化赋能农业农村高质量发展。在现代农业园区内示范"无人农场"，"无人农场"是未来农业发展的一个重要方向。综合使用各种技术可以使农场在完全无须人工介入的情况下完成所有生产任务，这不仅降低了人力成本和误差率、提高了土地利用率，而且提高了化肥、农药等的使用效率，提升了农产品和环境质量，使农业现代化发展速度和质量在全省处于领先地位。截至 2022 年底，吴江区累计建成高标准农田 23.83 万

---

① 数据来源：作者根据江苏省农业农村厅官网公布数据整理所得。

亩，占基本农田的比例超过92%，已建成区、镇、村（基地）三级农产品质量检测体系，①吴江农产品监督检验测试中心为省级分中心，也是农业部授权的首家县级"无公害农产品定点检测机构"，曾获国际健康城市联盟认证。吴江已成为国家级"畜禽、水产品、水果、蔬菜标准化示范县（市）"和"全国绿色食品原料（水稻、油菜）标准化生产基地"。吴江农产品质量标准化体系建设获全国食品安全制度建设"十大最佳事例奖"。

（3）园区建设成效显著，龙头产品特色鲜明。吴江区自2017年立下争创"国家现代农业产业园"的目标以来，以扩规模、提质量、增效益、促共富为重点，不断补齐农业发展的短板，提升园区整体质量和效益。创建了以优质粮油为主导产业的国家现代农业产业园，经过几年的努力，成功晋级"国家队"，成为苏州市首家。同时大力推进农产品品牌建设，多个龙头产业实现了规模和质量并驾齐驱，如"吴江大米""吴江香青菜""吴江太湖大闸蟹"等，同里"富穰"大米荣获第二届中国"好米榜"金奖。现代农业园区是乡村产业振兴的先锋，是提升农民收入的源泉，吴江区应坚定建设现代农业园区的步伐，完善招商引智机制、增强联农带农能力，带领园区向高质量方向发展。

（4）循环农业有效开展，生态环境明显改善。良好的农业生态环境是农业增长、农村繁荣、农民富裕的重要基础支撑，也是增进人民群众获得感、幸福感、安全感的本质要求（叶兴庆，2021）。吴江区积极促进种养结合生态循环、池塘循环水清洁养殖、氮磷流失生态拦截等技术的全面推广。吴江东之田木农业生态园就是成功案例之一，该农业生态园自2004年成立以来，致力于建设种养结合的小流域循环生态农业系统，依托粮油种植、家禽水产养殖等，将畜禽等农业有机废物资源化利用和优质农产品生产有机结合，具

---

① 吴江贯彻绿色生态理念、守住粮食安全底线，一年间收获三个农业"国字号"荣誉——描绘"新时代鱼米之乡"幸福画卷［EB/OL］. 苏州市农业农村局［2023 - 11 - 27］. https：//nyncj. suzhou. gov. cn/nlj/zwyw/202311/72aa4a37fda148d18dab13ffa09158a3. shtml.

有全循环、低投入、高产出、零排放的特点，系统推进生态环境治理以及全面构建生态循环体系。2004 年至 2009 年先后有 9 个产品被中国绿色食品发展中心认证为"绿色食品"，2021 年成功入选首批国家级生态农场。① 吴江已成为"江苏省生态农业示范县"，曾荣获"全国平原绿化先进单位"和"全国生态农业建设先进集体"称号。吴江区循环农业的有效开展，不仅有助于提高农业资源利用效率和改善生态环境，而且是对传统农业智慧的传承和发展，我国传统农业中的稻田养鱼、桑基鱼塘等模式，体现了变废为宝的循环观念，这些传统知识在现代循环农业中得到了新的应用和发展。

（二）浙江杭州：电子商务模式

1. 形成背景

平台经济作为 21 世纪备受关注的经济模式，在我国农业经济发展过程中扮演着重要角色（王瑞峰，2022）。2018 年和 2019 年连续两年的中央 1 号文件均提出，要实施数字乡村发展战略，积极开展电子商务进农村、"互联网+"农产品出村进城工程。电子商务模式以杭州为最，其素有"中国电子商务之都"的美誉，在浙江乡村数字经济建设的背景下，杭州农村电子商务活力持续迸发。

首先，杭州作为"数字之城"，拥有发展电子商务的天然优势。杭州之前借亚运会筹备之机，紧紧抓住数字经济发展的机遇，以数字经济、平台经济的快速发展为依托，快速崛起成为"全国数字第一城"。第一，杭州市数字产业聚集度高。依托于蚂蚁金服、菜鸟网络、大华股份等一批领先企业，在数字经济领域，杭州形成了一批具有全球影响力的数字经济产业集群。第二，数字经济核心产业增长强劲。2022 年，杭州市数字经济核心产业的增加

---

① 数据来源：作者根据江苏省农业绿色发展研究会官网公布的数据整理所得。

值首次突破 5000 亿,占 GDP 比重达到 27.1%,按可比价增长 2.8%,高于全市 GDP 增速 1.3 个百分点,占全省数字经济核心产业比重为 56.5%。[①] 第三,杭州市数字经济生态系统成熟。杭州数字经济产业链完整,在科技研发、商业孵化、投资产业、联通网络、数字化应用等方面构建了良好的数字经济生态系统。

其次,政府的政策支持,推动杭州市电子商务迅速发展。杭州市政府于 2014 年出台《杭州市加快农村电子商务发展工作实施方案》,具体工作举措有:大力推进电子商务应用"三级全覆盖"、加强物流快递业对接建设以及实施农村电商人才培训"万人计划",为农村电商发展提供强大的物流体系和人才支撑。

最后,农产品电商模式的创新为杭州市电子商务发展注入活力。由浙江省创建的村企合作平台"共富工坊"为乡村产品提供了新的销售模式,并且推动了农村经济的数字化转型。"共富工坊"的建设旨在通过畅通村企合作渠道,搭建平台,使农民能够在家门口找到工作,从而增加收入。它整合了农业和电子商务,为农产品打开了更广阔的发展空间,同时鼓励农民采用直播带货等新兴的电商销售模式,有效提升产品的曝光率和销售额,从而进行品牌宣传和推介,以提升农产品的品牌价值和市场竞争力。

2. 主要做法

浙江杭州电子商务模式主要表现在以下三个方面:

(1)通过数字经济搭建城乡仓储物流平台。物流是电子商务生态系统的血液,随着城市群、经济区、大都市圈的形成,区域物流业对经济发展的支撑作用日益突出(王宁、张悟移,2024)。杭州市积极推进农村电子商务物流渠道建设,与知名物流企业达成合作,搭建城乡仓储物流平台,建设乡村

[①] 数据来源:作者根据杭州市人民政府官网公布数据整理所得。

三级物流体系，形成新型农产品零售模式，破解农村地区快递服务"最后一公里"难题。这个体系包括三个层次：县级共配中心、乡镇级共配中心以及村级综合服务站和村邮站。其中，县级共配中心作为物流体系的核心，负责协调和分配区域内的物流资源；乡镇级共配中心位于各个乡镇，是连接县级共配中心和村级服务点的重要枢纽，它们确保了乡镇级别的物流服务站覆盖率达到100%；村级综合服务站和村邮站直接服务于村民，是三级物流体系中最接近居民的部分，它们负责将邮件和包裹准确无误地送达到农户手中，同时也承担着收件的服务工作。

（2）培育农村电商人才。乡村振兴，关键在人。全面推进乡村振兴成为当前农村发展的重要战略指导，而全面推进乡村振兴的关键又在于培育时代新人（王婷，2021）。杭州市以农业新质生产力为引领，创新人才引育机制，把握电商新契机，培育更多农村电商"新农人"。通过"以市农办牵头、社会培训机构承担培训、县级营运中心负责实施"的模式，每年对杭州市农村电商人才的培训予以支持，确保每个行政村都有1~3名电商人才，解决农村电商人才瓶颈问题。2024年4月，杭州发布《现代"新农人"培育行动计划》，以人才振兴引领乡村全面振兴，努力打造中国式现代化乡村振兴的杭州范例，计划到2027年，培育现代"新农人"总量达到10万人以上。这一政策的实施，将为农村电商生态系统注入新的活力。

（3）开创农产品电商新模式。"以商活村"的"共富工坊"电商模式以"党建引领"为主线、以"多方共赢"为最终目标，将优质工坊与闲散农户结合起来，采用电商直播等新兴模式，盘活农村闲置资源（见图7-1）。例如拱墅区半山街道共富工坊，创设了匠心传承大师公益坊、原创设计手工技能坊等主题工坊，引入特色工作室和来料加工站，吸纳居民实现家门口就业创业。依托党建联建资源，联合统战力量，探索"培育+创收"模式，打造社企融合型共富工坊。通过引入零散市场开设来料加工站，招募赋闲人员进行加工培训，提供就业岗位，实现工厂订单有人做、居民有活干的"双向奔富"。麟海数字化农场共富工坊采用"企业+合作社+农户"的模式，促进了农民增收和村集体增益。工坊与周边村庄结对，利用党群服务中心平台畅通企业招工和农民求职渠道，吸纳本地劳动力，带动就业和实现增收。启动园区数字化改造，推进智能化建设，降低成本和人力需求，同时提升产量和效率。建立省级农民田间学校和技能大师工作室，提供技术培训，传授种植技术和管理经验，深化交流合作。

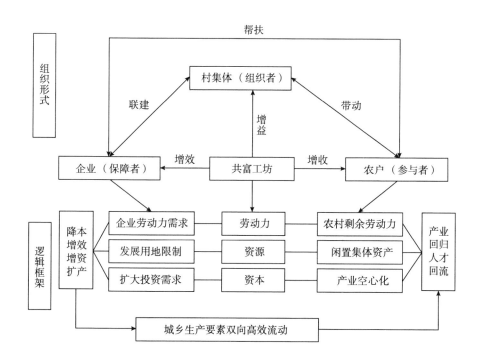

图 7-1　"共富工坊"多方共赢的组织形成与逻辑框架①

资料来源：笔者整理。

---

①　陈章纯，胡春，倪考梦. 小切口　大作为——浙江"共富工坊"的实践探索 [J]. 中国发展观察，2023（6）：118-121.

3. 侧重点

浙江杭州电子商务模式更侧重于农产品相关销售模式的创新，利用电子商务、互联网等，形成"互联网+农村物流"模式，构建现代农业新生态，通过整合电商平台、直播技术以及创业资源，推动农产品的销售和品牌建设，通过数据使农产品供产销全过程更具信息化与透明化，将产业链前后各相关主体进行有效衔接，保障产业安全和食品安全，促进产业结构的多样化转型升级，进而助推产业结构的重塑，带领乡村产业链的上、中、下游联动发展，并带动消费内需增长，实现乡村振兴和农民增收。

杭州作为"数字之城"，充分利用发展电子商务的生态环境优势，大力发展农村电商，推进电商平台与农产品品牌的深度整合。杭州通过电商直播平台推广本地特色农产品，如西湖龙井、建德草莓等，为农产品打开了新的销售渠道，实现了农产品的品牌化发展。同时，促进电商企业与农业产业的融合发展。杭州民营企业通过电商平台，如格家网络的"中国田"助农扶贫计划，孵化农特产品牌，推动农业产业链的全面发展。格家网络"中国田"助农扶贫项目，发挥社交电商所凝聚的社会消费力，以完整产业链思维的扎根实践，通过与当地政府对接实现精准聚焦扶贫目标，通过品控、包装与物流体系为当地合作商家建立规范化市场供应体系，通过当地合作商家对供应体系的落地为农户直接解决了产品销路，通过格家网络线上商城与线下社区平台的终端价格策略和供应链协议体系保障了农户收益和格家网络自身的综合效益，创造了农户、中间市场、政府和扶贫企业的四方共赢，成为一套发挥市场化手段实施可持续精准扶贫的新型样本。

4. 实践效果

《浙江省电子商务发展报告（2022）》指出：杭州市农村电商发展提质增效，从推进全市农村电商示范培育、助推农村电商直播发展等方面着手，结合全市电商直播式共富工坊建设，扎实推动全市农村电商持续健康发展。贯彻落实省厅部署要求，深化电商示范村的培育，2022 年全市完成培育电商村 320 个、电商镇 44 个，省级电商示范村 139 个、示范服务站 236 个。

（1）特色农产品品牌建设成效显著。电商平台为农产品提供了一个展示品牌形象的窗口，使农产品能够绕过传统的中间环节直达消费者，农民可以直接与消费者沟通，讲述产品背后的故事，如产地文化、种植过程、品质特点等，帮助树立品牌形象，建立消费者的信任和忠诚度。"醉忆杭鲜"品牌是杭州市农合联和供销社共同打造的农产品公用品牌，它代表了杭州绿色、生态、健康品质的幸福生活理念，是杭州市全品类农产品的核心品牌，旨在整合全市的农产品资源，打造一个响亮的品牌，以更好地助力农产品的销售和市场推广。"醉忆杭鲜"的品牌标识设计巧妙地融入了杭州的拱桥、西湖龙井茶和千岛湖鱼头等标志性元素，传达出"淳优臻味，醉忆杭鲜"的品牌价值内涵。同时目前杭州市已经打造出"西湖龙井""临安山核桃""建德草莓"和"千岛湖鱼"等著名的农产品品牌，其农产品品牌建设位于全国前列，展示了良好的杭州农业风貌。

（2）电子商务模式带动农民就业创业和增收。第一，电子商务模式提供线上销售农产品渠道，农民可以直接接触到更广泛的市场，减少了中间销售环节，降低市场交易成本，使农民可以获得更多的利润空间；第二，电商平台能够帮助农民更好地了解市场需求和消费者偏好，从而及时调整生产策略，提高产品的市场适应性和竞争力；第三，政府对农村电商的支持往往伴随着基础设施的改善，如农村互联网接入、道路建设等，这些改善为农民的生产和生活提供了便利，也为创业提供了条件，且相关的物流、仓储、包装、营销等服务需求增加，为农民提供了更多的创业增收机会；第四，农业电商平台通常会提供培训和教育资源，帮助农民掌握电商运营的技能和知识，提高他们的电子商务意识和能力。农民数字化素质的提高不仅有助于促使他们对于农产品市场的变化更加敏感，而且有助于他们独立创业，实现增收。

（3）"共富工坊"模式卓有成效。"共富工坊"通过整合资源、创新销售模式、推广品牌、增加收入、促进就业以及推动数字乡村建设等多方面努力，为农村电子商务的发展注入了新动力，是实现农村经济现代化和促进农民共同富裕的重要途径。"共富工坊"模式的创新推进了杭州市农产品供给结构升级，鼓励生产者根据市场需求培育特色农产品，如有机农产品、地方特色农产品等，从而提高了供给的多样性和质量。同时，"共富工坊"模式也带动了杭州市特色农产品的品牌化和加工化发展，帮助生产者打造有特色、有知名度的品牌，增加了产品的附加值，这有助于农业全产业链的构建，提高生产效率、降低生产成本。这种模式不仅吸纳了农村剩余劳动力，实现了农民增收，而且降低了企业经营成本，拓宽了乡村产业的增值空间。

（三）河南兰考：数字金融模式

1. 形成背景

兰考县位于河南省东部，地处豫东平原西部，西邻开封，东连商丘，北临菏泽，具有丰富的农产品资源，是全国商品粮生产基地县、全国优质棉基地县。因此，河南兰考数字金融模式的形成与国家政策、地方需要等因素有关。

（1）国家政策导向。2015年出台的《推进普惠金融发展规划（2016—2020年）》，作为我国首个发展普惠金融的国家级战略规划，确立了推进普惠金融发展的指导思想、基本原则和发展目标。为构建高水平普惠金融体系，进一步推进普惠金融高质量发展，2023年9月国家出台《国务院关于推进普惠金融高质量发展的实施意见》，总结了近年来我国普惠金融发展的成效，也为解决当前存在的问题和挑战、推动普惠金融服务的全面升级提供了明确的指导和策略。2016 年兰考县获批成为全国首个国家级普惠金融改革试验区，通过提高金融服务覆盖面、金融服务可得性和满意度为兰考脱贫和乡村振兴提供金融支撑。

（2）地方实践需要。兰考县作为河南省的一个县级行政区，多方面原因导致其经济发展水平较低。第一，地理条件不利，自然灾害频发。兰考县地处豫东平原，北依黄河。黄河的多次决口造成了当地黄沙漫漫，严重影响了农业生产和居民生活，洪水和黄沙的威胁不仅破坏了当地的生态环境，也给农业经济发展带来了极大的不确定性。第二，产业结构不合理，阻碍经济发展。兰考县长期以来以农业为主，第一产业在地区生产总值中占比较高，传统农业的低效益限制了经济的快速增长。且第二、三产业发展不足，对 GDP 的贡献率和拉动作用有限，2023 年兰考县三次产业结构为 12.7∶43.0∶44.4，第三产业增加值 182.13 亿元，同比下降 0.9%，对 GDP 的贡献率为−17.8%，阻碍兰考县经济发展。① 第三，人才流失，劳动力素质提升缓慢。由于经济发展水平较低，兰考县面临着严重的人才流失问题。许多有能力的年轻人选择到更发达的城市工作和生活，导致当地劳动力市场缺乏高技能人才。同时，教育资源的相对匮乏和人才培养机制的不完善使兰考县劳动力的整体素质提升缓慢，难以满足现代产业发展需求。

（3）社会文化影响。兰考是焦裕禄精神的发源地，焦裕禄精神以其深厚的为民情怀、创新精神和实干作风，对兰考县数字金融发展产生了积极影响。焦裕禄精神鼓励创新和实干，这促使兰考县在数字金融发展中采取了创新的城乡融合经济发展方式。焦裕禄精神的核心是为人民谋利益，兰考县以此为导向，率先引入互联网银行，开发了县域政务数据支持的数字化金融产品。这些创新举措有效地解决了农民和小微企业主的资金问题，推动了地方经济

---

① 数据来源：作者根据兰考县人民政府官网公布数据整理所得。

的均衡发展。

2. 主要做法

建设数字乡村是乡村振兴的战略方向，兰考县贯彻落实党的十九大精神，探索乡村振兴的具体举措，紧扣"普惠、扶贫、县域"三大主题，采取了一系列具体措施来发展数字金融，包括建设普惠金融改革试验区、推动政府与市场协调、解决融资难题等，作为国家普惠金融改革试验区，在实践中摸索出了围绕数字普惠金融综合服务平台的"一平台四体系"模式，是数字金融模式的代表。

（1）建设普惠金融改革试验区。2016 年《河南省兰考县普惠金融改革试验区总体方案》的发布标志着兰考县成为国内首个普惠金融改革试验区。在改革试验区建立后，兰考县逐步探索构建了以数字化普惠金融综合服务平台为核心，以金融服务、普惠授信、风险防控、信用信息四大体系为抓手的兰考普惠金融新模式，形成了"以政府为主导，多方金融机构大力支持，产业融合发展，农民积极参与"的运行机制。致力于 5 年内在兰考县形成多层次、广覆盖、有差异、可持续发展的金融组织体系，盘活农村产权要素，使金融生态环境得到优化，为贫困县域探索出一条可持续、可复制推广的普惠金融发展之路。

（2）创新数字金融发展模式。数字普惠金融以其"低成本、广覆盖、高效率"等优势，为促进农村经济增长和解决"三农"问题、缓解城乡发展不平衡带来新的契机（周国富等，2024）。兰考县致力于线上线下双轮驱动，线上着力构建数字普惠金融综合服务平台，即"普惠通"APP。其对接了当地所有金融机构，居民可以通过这个 APP 线上办理金融业务，如最基本的支付缴费以及理财产品的购买。同时，普惠通 APP 可以实时更新用户的信用数据，解决了信息不对称问题，降低了金融风险。线下着力建设"4+X"功能的普惠金融服务站，延伸金融服务半径。所谓的"4+X"，"4"是指基础金融服务、信用信息采集更新、贷款推荐和贷后协助管理以及金融消费权益保护4项功能,"X"是指各主办银行提供的特色金融服务。

(3)完善金融风险管理机制。随着市场经济进一步发展,金融风险管理愈发重要(殷莺,2022)。第一,建立风险补偿机制。兰考县通过财政出资设立各类风险补偿金以及还贷周转金,专项支持普惠授信。此外,还创新性地建立了银行、政府、保险公司和担保公司四位一体的风险分段分担体制,有助于分散金融风险,增强风险补偿金撬动能力。第二,设置"风险隔离"机制。由政府设定"风险临界点",即设置普惠授信不良率的上限,当某一个村的不良率达到一定比例时,即对该村停止新增授信,进行不良贷款清收,防止因农村地区行为传染性的特征而导致不良行为连片出现的现象。第三,强化"守信正向激励、失信联合惩戒"机制。农户在用信过程中,其信用行为和信息将不断被采集更新,金融机构将基于农户信用等级变动情况动态调整授信额度和贷款利率。对于失信者,将其列入法院黑名单,张榜公布,限制其高消费,加大失信成本。

兰考的数字普惠金融模式打破了传统金融模式的传送方式,降低了成本、提升了效率、减少了风险,已成为促进产业协同发展的一条非常有效的路径。这对于延伸普惠金融服务范围,深化金融体系建设等方面具有重要的推动作用,为农业产业主体提供了资金保障。

3. 侧重点

兰考的数字金融模式关注涉农产业的数字金融资金支持,侧重点在于将农业和数字金融有机结合,不仅能将金融供需进行精准匹配,给予乡村产业融合足够的资金支持,确保相关产业项目的顺利运行,而且为落后地区经济创造了赶超契机,使之前无法进入正规金融体系的处在乡村地区的人群能够通过较小成本、较容易与简便的形式享受金融服务,最大限度地提升金融服务的可获得性，以高质量数字金融服务助力兰考乡村振兴。兰考产业结构不合理、人才流失严重、经济发展水平较低等问题使兰考急需一个突破口摆脱困境，结合当地金融服务覆盖不足、风险控制能力不足、金融产品和服务不匹配以及农民贷款难等最迫切的痛点，以创新数字金融服务、加强金融知识的教育和普及，以及加强金融监管和执法力度等措施，确保数字金融在助力乡村振兴的同时，能够稳健、安全地发展。

4. 实践效果

数字金融模式为兰考提供了金融支持，推动了乡村振兴，具体表现在以下三个方面：

（1）优化金融环境，增强市场活力。第一，打破恶性循环，建立信用体系。兰考模式通过制度创新，解决了农户因缺乏信用记录而难以获得信用贷款的问题，打破了"无贷款—无信用记录—难贷款"的恶性循环。并且，通过建立完善的信用信息体系，以及数字化工具及时更新信用信息，提高了金融服务的安全性和可靠性。2015 年以来，兰考县主要金融指标增速明显优于全省平均水平，普惠金融指数在全省县（市）的排名由 2015 年的第 22 位跃升至 2017 年底的第 1 位并保持至今，不良贷款率也大大降低。① 第二，提升服务效率，推动知识普及。兰考模式简化了贷款流程，使农户能够更便捷地获取金融服务，提高了金融服务的效率；推出适合农民需求的普惠授信小额信贷产品，为农民提供了及时的资金支持，促进了产业发展。兰考模式通过基层化的金融教育教授了农民金融知识，提高了农民的理财能力，群众满意度、获得感显著提升。第三，促进多方互动，增强风险防控。兰考模式鼓励政府、金融机构、农户之间的信息共享，增强了金融机构对农户的了解，提高了服务的针对性和有效性，同时也提升了农户对金融机构的信任度，更加

---

① 数据来源：作者根据河南省发展和改革委员会公布数据整理所得。

积极地使用金融工具增加收入。

（2）改善三农问题，推动乡村振兴。第一，促进农业现代化。兰考模式通过提供数字金融服务，支持了新型农业经营模式的发展，促进了科技在农业中的广泛应用，改变了农户固有的传统农业思维。第二，优化农村金融环境。移动支付的普及提高了支付便利性，信用档案和信用奖惩机制的建立维护了乡村良好的信用环境，各大金融机构的数字信贷积极性得到了激发，促进了农村普惠金融服务的多元化和开放化。第三，增加农民收入。金融支持政策的实施，使新型农业经营主体贷款更加便利安全，为农业发展提供了有力的金融支持，同时政府的财政贴息等政策有效降低了农户贷款成本。农户利用贷款资金探索农业多元化经营，为农户带来了新的收入增长点，并帮助兰考县脱贫摘帽。

（3）创新"兰考模式"，提供兰考经验。兰考县在摸索普惠金融改革路径的过程中创新的"一平台四体系"模式，为全国提供了宝贵的"兰考模式"和兰考经验。这些模式和经验在推动普惠金融发展，助力脱贫攻坚、乡村振兴以及县域经济发展等方面取得了显著成效。2018年上半年，"一平台四体系"兰考模式在省内开封市及22个试点县（市、区）复制推广，均取得了显著成效，丰富了"兰考模式"的实践经验。① 第一，有效解决融资难的问题，提高资金的使用效率。通过数字普惠金融综合服务平台，兰考县实现了金融服务的全覆盖，特别是对于偏远农村地区的金融服务覆盖，有效解决了融资难的问题，同时平台的应用使信贷资源能够更加精准地对接农民和小微企业的需求，提高了资金的使用效率。第二，实现信用信息共享，增强风险防控能力。"兰考模式"中的信用信息体系通过数字化手段收集和处理信用信息，提高了金融服务的安全性和可靠性。利用大数据和人工智能技术，

---

① 河南兰考创新普惠金融服务体系　农户贷款不再难、不再贵［EB/OL］. 搜狐［2019-11-06］. https：//www.sohu.com/a/352047344_115362.

金融机构能够更准确地评估贷款风险，降低了不良贷款率。第三，政策引导与市场需求相结合，创新金融产品和服务。兰考县政府的政策引导与市场需求相结合，推动了传统金融与数字金融的协同发展，实现了政府与市场的有效协调。在政府的政策支持下，金融机构能够更好地响应市场需求，提供符合农民和小微企业需求的金融产品和服务。

（四）湖北秭归：数据信息模式

1. 形成背景

秭归县，位于湖北省西部，长江西陵峡两岸，三峡大坝库首。东与夷陵区交界，南同长阳土家族自治县接壤，西临巴东县，北接兴山县，地势西南高东北低，属长江三峡山地地貌。其数据信息模式的形成离不开国家政策的支持、地方的资源优势和市场需求的提升。

（1）国家战略引领。2017 年习近平总书记于党的十九大报告中指出，农业农村农民问题是关系国计民生的根本性问题，必须始终把解决好"三农"问题作为全党工作的重中之重。实施乡村振兴战略，为"三农"工作指明了方向。新形势下，数字经济成为重组全球要素资源、重塑全球经济结构、改变全球竞争格局的关键力量。国务院印发的《"十四五"数字经济发展规划》针对我国当前及未来的经济社会发展需求，提出了一系列战略性任务和目标。在乡村振兴战略和数字经济发展规划的引领下，湖北秭归创立农业数据信息模式，该模式是两大战略的重要交汇融合点。

（2）特色农业优势。秭归县属于典型的长江三峡山地地貌，其地势从西南向东北呈阶梯状下降，西南部的山区是全县最高点，而东北部则逐渐过渡到沿长江的低谷地带。且秭归县属亚热带季风气候，四季分明、雨量充沛、光照充足，境内有长江流经，拥有丰富的水资源，为柑橘、茶叶等特色作物的生长提供了良好的自然条件。秭归县充分利用当地自然资源和地理优势，形成了具有地方特色的"低山柑橘、半高山茶叶核桃小水果中药材、高山蔬菜烟叶"的产业布局模式。尤其是脐橙产业成就显著，秭归县被誉为"中国脐橙之乡"，截至 2023 年 7 月，秭归县柑橘种植面积已达 40 万亩，全产业链综合产值接近 200 亿元，全县 70%以上的人口都在从事柑橘产业，26 万人搭乘"橙色列车"增收致富。[①]

（3）市场需求提升。消费者对农产品质量的要求正在不断提升，这已成为当前农产品市场的一个显著趋势，这种趋势对农产品生产供给发出挑战。秭归特色农产品存在质量参差不齐、市场价格混乱等现象，农业数据信息模式的提高信息透明度、优化生产决策等优势有助于秭归县解决此困境。

2. 主要做法

农业数据信息模式是指通过现代信息技术收集、处理和应用农业相关数据，来提升农业生产效率和产品质量的一种模式。该模式利用大数据理念、技术和方法，通过数据分析与挖掘，以及数据可视化，实现对农业生产全过程的科学管理和决策支持。湖北秭归的数据信息模式的主要做法表现在以下三个方面：

（1）筑牢数字乡村"地基"。2018 年，秭归县已有 4G 基站 920 个，固定宽带用户 8.97 万户，5G 基站 5 个；至 2021 年，4G 基站已高达 1810 个，固定宽带用户 12.66 万户，5G 基站高达 301 个。[②] 2024 年 4 月，作为宜昌市唯一入选国家数字乡村试点的地区，秭归铺开农村 4G 补盲行动，实现了 4G 网络覆盖所有村组。秭归利用物联网等现代信息技术对传统乡村基础设施进

---

① 数据来源：作者根据湖北省人民政府官网公布数据整理所得。

② 乡村有"数"［EB/OL］. 宜宾发布［2022-04-15］. https://mp. weixin. qq. com/s? __biz = MzA4NDA2MjAyNw = =&mid = 2651812608&idx = 3&sn = a2b3207e71da241fb86d7de503a6ba1a&poc_token = HIQ6UWij4gJpGuMCAyD5UDEbH7KJSuV2KWuBSxbd.

行数字化升级，为农业生产提供基础数据、为乡村治理提供数字化手段。

（2）"点燃"数字农业新引擎。秭归县以新基建筑牢数字乡村的"地基"，为农村电商发展提供了坚实的网络支持。农产品出村的电商通道"点燃"了秭归县数字农业新引擎，"电商+网红+直播+短视频"的线上营销新模式逐渐形成。秭归县电商企业由 2018 年的 1551 家增加到 2021 年的 2587 家，网点由 4150 家上升到 8100 家，电商从业人员也从 2.9 万人增加到 5.8 万人，年销售额从 14.5 亿元增加到 29.8 亿元。[①] 电商模式拓宽了农产品销售渠道，提高了交易效率，尤其是对秭归县农产品的品牌建设有重要影响。电商平台的评价系统和质量追溯系统，使消费者可以更直观地了解农产品的质量和生产者的信息，增强了消费者的信任感。

（3）助力乡村治理数字化转型。秭归县加快推进大数据技术应用于基层工作场景，助力乡村实现宜居宜业，提升居民幸福感；建设了数字乡村一体化平台，服务内容包括电子政务服务和在线公共服务等。秭归县还通过提供各类便民信息服务，如在线政务、远程医疗等，改善了农村居民的生活质量，缩小了农村与城市的公共服务差距。结合秭归山区地广人稀的特点，通过中国移动秭归分公司的可视对话系统功能，重点关注残疾居民、独居老人等特殊人群，不但保障了特殊人群的生命健康问题，还提升了基层干部的工作效率。

3. 侧重点

湖北秭归数据信息模式侧重点在于数字赋能特色农产品产业转型升级，发挥特色农产品品牌效应，以数字之翼助力乡村振兴。第一，引入 5G 技术，创建"农抬头"智慧农业平台，构建数字化的农业管理模式，实现农业生产的自动化、智能化和信息化。第二，以农产品价格指数和农产品质量追溯体

---

① 乡村有"数"［EB/OL］. 宜宾发布［2022-04-15］. https：//mp. weixin. qq. com/s？__biz = MzA4NDA2MjAyNw= = &mid = 2651812608&idx = 3&sn = a2b3207e71da241fb86d7de503a6ba1a&poc_token = HIQ6UWij4gJpGuMCAyD5UDEbH7KJSuV2KWuBSxbd.

・194・

系为抓手，将数据信息运用于农产品生产销售的各个环节，推动产业数字化和数字产业化协同发展。第三，通过电商平台"点燃"数字农业新引擎，直接对接市场需求，减少销售环节、提升品牌影响力。秭归县充分发挥自身特色农业优势，"十四五"期间加快建设精品农业强县，通过数字经济赋能实现农民增收、农村繁荣、农业现代化。

4. 实践效果

湖北秭归的数据信息模式的实践效果主要体现在以下三个方面：

（1）公用品牌与企业品牌实现良性循环。大力发展品牌农业是畅通"双循环"的重要抓手，对实现农产品优质优价及助力乡村振兴具有重要意义（董银果、钱薇雯，2022），但其中假冒伪劣产品是全国农产品公用品牌可持续发展的共性问题。秭归县通过实施农业数据信息模式，优化了农业生产流程，提高了农产品的质量和品牌形象，从而在市场中获得了更高的认可度和消费者的青睐。一些商户和企业使用公共品牌，享受公用品牌溢价效应，却不对品牌负责，农产品质量参差不齐，破坏品牌形象。区域公用品牌与企业品牌的双品牌战略是解决这一困境的关键方法。以秭归县农业支柱产业"脐橙产业"为例，首先，秭归县通过政府主导，培育和发展了区域公用品牌"秭归脐橙"，作为一个整体呈现给消费者。这个公用品牌的成功建立，解决了消费者"买什么"的问题，即提供了一个质量可靠的选择。其次，为了进一步提升品牌价值和市场竞争力，秭归县鼓励和支持企业创建自己的品牌，如"屈橙鲜""屈姑"等，这些企业品牌以区域公用品牌为依托，提供了更具体的产品和服务保障，解决了消费者"向谁买"的问题。当某一农产品公用品牌取得一定影响力后，其自我保护能力过于单薄，需要企业品牌加以支撑。通过这种双品牌战略的实施，秭归县不仅提升了脐橙产业的产值和农民的收入，还成功塑造了秭归脐橙的高端品牌形象，扩大了市场影响力。企业品牌的建立和发展，又反过来增强了区域公用品牌的知名度和竞争力，形成了一种良性循环。

（2）减轻小农户与现代产业之间的"数字鸿沟"。小农户与现代产业之间的"数字鸿沟"是制约城乡共享数字红利、引发城乡更大发展差距的关键问题（霍鹏、殷浩栋，2022）。数字农业平台的建立实现了农业信息共享以及提升农产品销售的透明度和公平性；智能代耕作和物联网技术的推广提高了农业生产的效率和农民收入；电商培训的开展帮助农民树立创新意识和市场意识，更好地适应现代经济环境；乡村治理数字化平台的建立提升了村民幸福感，乡村治理更加便捷高效。建设秭归"数智大脑"，完善经济、民生等数据库，加强各个部门的数据连接，打破信息孤岛。同时保证数字乡村治理下沉到每一个村镇，实现真正精准高效的数字政务服务。

（3）有效推进乡村农商文旅融合。农商文旅融合发展是新时代产业实现高质量发展的新趋势、新模式和新动能（眭海霞等，2023）。秭归县从产业融合、文化传承与创新、基础设施建设与优化等方面推进乡村农商文旅的深度融合。第一，将农业从单一的生产功能拓展到就业增收、生态涵养、观光旅游等多功能领域，延伸了产业链。如依托柑橘产业集群，建设脐橙文化溯源馆和三峡移民博物馆，打造世界级的柑橘品牌和文化窗口，培育了农业新业态。第二，充分利用当地文化资源，努力挖掘文化价值，探寻文化力量。如利用屈原文化和三峡文化，打造具有地方特色的乡村旅游产品。同时，探索"特色镇+园区+林盘+景区"模式，以农业为基础，植入新型业态，如生态康养等，不断提升农商文旅融合发展的质量和效益。第三，加快乡村交通、观景平台、停车场等基础设施的建设，提升游客的满意度和体验感。利用物联网、云计算等技术建立数字化监管体系，对乡村文旅产业进行全领域、全角度、全链条的监管，提高市场监管能力和效率。

二、国内典型模式对比分析

（一）不同模式的主要做法对比

1. 不同模式的共同点

（1）围绕乡村振兴目标，助力解决三农问题。乡村振兴是推进中国式现代化的重要内容，"三农"问题是党和国家工作的重中之重（赵志阳等，2024）。以上四大乡村产业发展模式贯彻落实习近平总书记关于"三农"工作的重要论述，以提升乡村产业发展水平、提升乡村建设水平、提升乡村治理水平为重点，围绕产业、人才、文化、生态、组织"五个振兴"共同发力，以加快农业农村现代化，更好地推进中国式现代化建设。产业振兴是乡村振兴的物质基础、重中之重，数字经济新业态新模式是助力农村全面进步、推进农村现代化的重要举措，也是促进农民收入增长、助推农民共同富裕的有力保障。在数字经济新业态下，农产品生产者与消费者之间的距离被拉近、农业供应链的效率快速提升、农村消费潜力不断释放、城乡居民收入水平差距逐渐缩小。

（2）搭上数字经济快车，实现农业农村跨越式发展。在我国经济由高速发展转为高质量发展的新阶段，数据作为新的生产要素，是战略性基础资源，是新型生产要素，是重要新质生产力，在数字经济蓬勃发展的过程中发挥着日益重要的作用，为实现农业高质量发展、建设农业强国带来新机遇、提供新动能（王小兵等，2024）。数字经济是以数据资源为关键要素，全要素数字化转型为核心推动力的新经济形态。以上模式均将数字应用于农业生产和农民生活，以提高农业数字经济渗透率。一方面，利用数字技术发展"数字+旅游""数字+文化"等现代乡村新业态，不断推动乡村产业的数字化转型。另一方面，积极构建乡村数字治理新格局，推动政府职能转变，发挥有效市场和有为政府在引导农业农村数字化发展中的协同作用，实现农业农村跨越式发展，为建设农业强国贡献力量。

（3）立足本地资源禀赋，探索特色发展模式。以上四大乡村产业发展模式并没有照搬照抄现成模式，而是依据自身的资源禀赋，积极探索具有本地特色的数字乡村发展路径。江苏吴江位于长三角腹地，经济水平和科技水平相对较高，有发展智慧农业和现代农业园区的优势；杭州作为中国电子商务的发源地，拥有阿里巴巴等电商巨头，完善的物流配送体系为电子商务模式开展提供了强大的基础设施；河南兰考自然环境恶劣、金融市场缺乏活力，抓住国家普惠金融战略规划，采用数字金融模式扬长避短；湖北秭归发挥当地特色农产品和特色文化优势，采用数据信息模式提升品牌影响力、促进乡村农商文旅融合。

2. 不同模式的不同点

以上四大模式中数字经济赋能乡村产业发展模式均充分利用数字资源助力乡村振兴，但使用的载体不尽相同。

江苏吴江智慧农业以现代农业产业园为主要载体，现代农业产业园是产业集聚的载体，有利于实现农业的区域化布局和一体化经营，提高农业的整体效益。吴江区充分发挥国家现代农业产业园的资源集聚优势，构建智慧农业创新发展高地、创新政企合作模式，树立无人农场建设行业标杆、丰富拓展应用场景，打造农业高质高效示范样板。

浙江杭州电子商务模式以电商销售为载体，杭州市充分把握肥沃的电商土壤，创新利用电商网络平台拓宽农产品的销售渠道，促进消费扶贫，实现村集体、企业、农户的三方共赢。

河南兰考以数字金融为载体，为农业发展注入金融活力，不仅提升了农村基层金融服务，还帮助兰考脱贫摘帽，提升了居民幸福感和获得感。

湖北秭归数据信息模式以农业信息化综合应用平台为载体，秭归县人多地少、山高坡陡，通过构建农业信息化综合应用平台帮助农民做出更加合理的决策，将珍贵的土地最大化利用，发展诸多特色产业，助力秭归县于2019年正式退出国家级贫困县序列。

（二）不同模式的侧重点对比

1. 资源禀赋比较

江苏吴江区位于江苏省的"南大门"，东邻上海，西濒太湖，南连浙江，北依苏州，地处长江三角洲的中心腹地，其资源配置效率、市场接入能力以及与外界的经济互动程度均较高，且属北亚热带季风性湿润气候，四季分明，气候温和，这为农业生产提供了良好的外部环境。浙江杭州互联网设施基础完善、物流系统发达、电商生态环境优越，且杭州属于亚热带季风气候区，四季分明，温和湿润，利于多样化的农作物种植。河南兰考经济发展水平较低，农业产业结构相对单一，主导产业不够突出，但其特色农业产业较为丰富。兰考西部地区多为山地，可用于农业生产的土地资源有限，这限制了农业生产规模的扩大和农业机械化程度的提高，且风沙、内涝和盐碱等自然灾害频发，对农业产量及农民收入有极大影响。湖北秭归农村基础设施建设和农业科技水平较为落后，但特色农产品影响力较大，且生态经济林建设良好。秭归耕地资源有限，山地丘陵面积占比高达70%，根据当地地形特征创新性地打造特色产业布局模式，变劣势为优势。

2. 组织模式比较

江苏吴江的智慧农业模式与河南兰考数字金融模式均属于政府引导型组织模式，政府引导型模式主要通过政府的规划与支持，引导和激励农业产业的发展，实现乡村振兴和农业农村现代化，强调新型农业经营主体的集群集聚发展。吴江区政府通过建设现代化农业产业园区，以"一核一带，四区多点"的总体布局，因地制宜发展农产品加工、冷链物流、农村电商、休闲农业和乡村旅游，推动农业专业化布局和规模化生产，并不断出台各类扶持和奖励政策，推动土地、资金、人才、技术等资源要素集聚园区。河南兰考数字金融模式以政府的政策支持和金融机构的合作为基础，通过构建省、市、县三级部门联动的领导机制，确保了政策的顺利实施和试验区的有效运行，利用政务数据搭建县域专属的数字信贷风控模型，引导金融资源向农业领域集聚，为农业发展注入金融活水。浙江杭州电子商务模式属于资本纽带型组织模式，是一种以资本为核心连接各方参与主体的现代农业经营模式。电商巨头如阿里巴巴以及其他资本雄厚的电商平台在农业电子商务中扮演着核心角色，通过整合上下游产业链，与农产品生产基地建立战略合作关系，甚至涉足农产品的初级加工和包装，从而实现从田间到餐桌的全覆盖。湖北秭归数据信息模式属于契约型组织形式，是"公司+农户"模式中一种常见的组织形式。政府或大型农业企业与秭归农户签订合同，企业负责提供种子、技术支持及销售渠道，农户负责种植和初步加工。契约型组织形式通过将本地资源优势转化为产业优势，更有效地管理和分配生产过程中的风险，实现了农民增收和区域经济发展的双重目标。

3. 政策侧重点比较

江苏吴江 2021 年发布《苏州市吴江区农业高质量发展政策》以助力吴江区由传统农业向现代农业转型，对农业产业发展和农业生态发展进行补助扶持，将智慧农业农村建设作为农业农村现代化的重要抓手，同时为推进农业园区"千企入园"工作，将引进企业新增投资奖补列入扶持政策。吴江区农业农村局在2024年工作计划中指出，将持续加强农业科技装备支撑、促进现代农业园区提档升级、打造宜居宜业和美乡村。

国家2013年把杭州列为首批跨境电子商务贸易的试验区，同时杭州也被国家有关部委定为电子商务的示范区。2014年杭州市人民政府发布《杭州市加快农村电子商务发展工作实施方案》，指出将通过大力推进电子商务应用"三级全覆盖"、培育发展农村电商企业、鼓励开展农村电子商务创业等一系列举措，培育农村经济新业态。2022年杭州市人民政府办公厅发布《关于促进杭州市新电商高质量发展的若干意见》，将新电商的发展与乡村振兴工作结合，挖掘培育当地农优特产业带，同时对开展公益助农活动的电商企业给予现金奖励。2023年1月中共杭州市委、杭州市人民政府办公厅发布《关于促进杭州市现代物流业高质量发展的若干意见》，进一步构建一体化供应链体系，为农村电商发展提供强有力的物流支持。

2016年《河南省兰考县普惠金融改革试验区总体方案》的发布，标志着兰考成为全国首个国家级普惠金融改革试验区。兰考县积极响应国家政策，成立数字普惠金融小镇，通过招商引资，吸引了多家企业入驻，基金规模近40亿元，有效推动了地方经济的发展。2020年湖北秭归入选首批国家数字乡村试点地区，试点工作主要包括开展数字乡村整体规划设计、完善乡村新一代信息基础设施、探索乡村数字经济新业态、探索乡村数字治理新模式等七方面内容。

2021年湖北省农业农村厅发布《湖北省数字农业发展"十四五"规划》，强调要结合湖北农业发展实际，积极探索农业产业数字化和数字农业产业化的新路径和新模式，通过"农业农村大数据建设工程""农业生产智能化应用工程""互联网+农产品出村进城工程"三大工程促进数字技术与农业产业融合发展。

（三）不同模式的实践效果对比

上述四种国内实践模式体现了数字作为新型生产要素对农业农村发展的不同作用方式，推动了乡村产业发展。

苏州智慧农业模式借助信息通信技术和数字平台推动自身产业发展，实现相关效能之间的匹配，降低农产品生产经营过程中的自然风险与市场风险，以此推动乡村产业的三大变革，加速推动现代农业发展。特别是随着相关数字技术的进步，智慧农业在苏州的应用，使农业生产经营过程得到更为精准的控制，同时促进乡村产业多渠道融合、优化产业链、拓展农业发展的多功能性，为促消费提供更多可能性的同时，也为乡村产业发展提供了更多的可能性与实践机会，加速产业发展的质量、效率与动力变革。

杭州的电子商务引领模式借助电子商务、互联网等信息传递媒介，将其与农村物流结合，助力农产品储藏、运输等，提升农产品交易效率，实现农产品销售创新，对于完善整个农业产业链具有重要的推动作用。特别是将产业链前后不同主体进行有效衔接，带动了上中下游产业联动发展，促进了产业结构的多样化转型升级以及乡村产业发展的质量、效率与动力变革。

兰考的数字金融模式借助数字金融的力量，为乡村产业发展提供资金支持，保障乡村产业相关项目的顺利推行，这种模式具有传统金融模式的优势，也能克服传统金融模式的劣势，实现金融供求的精准匹配。特别是对于之前无法通过正规金融体系获得服务的乡村人群来说，也能通过较低成本、较简便与容易的方式享受到数字金融带来的共享服务，大大提高了金融服务的可获得性，为落后地区乡村产业发展提供了契机。

湖北秭归的数据信息模式借助数字与信息技术的力量，增加数字化在乡村产业发展中的应用，通过促进农业与其他产业的融合，减少小农户与现代产业之间的数字鸿沟，加快秭归全产业链建设，推动特色产品走标准化、品牌化的高质量发展道路，促进农民增收，助力乡村振兴。

总之，上述的国内典型实践模式体现了数字这一新型要素对乡村产业发展的不同作用方式，引起乡村产业发展的质量变革、效率变革与动力变革，为数字经济赋能乡村产业发展提供了借鉴经验（见表 7-1）。

表 7-1　国内主要实践模式对比

模式	侧重点	主要做法	实践效果
吴江：智慧农业模式	解决传统农业生产存在的弊端	通过数字信息技术与农业农庄结合拉动乡村多业态协调发展	促进线上线下渠道的融合，延伸产业链，实现了农业与文化、生态、旅游等融合
杭州：电子商务引领模式	农产品销售模式的创新	利用电子商务平台推进"互联网+农村物流模式"	数据促进农产品供产销全过程信息化、透明化，有效衔接产业链相关主题，助推了产业结构重塑
兰考：数字金融模式	涉农产业的金融资金支持	运用"一平台四体系"模式，创新了"先信贷、后信用"的资金获取方式	为较难获得金融资产支持的涉农产业提供可能性，提升了金融服务的可获得性
秭归：数字信息模式	乡村治理数字化转型	运用数字信息技术，实现乡村数字化转型	有效推进了乡村农商文旅融合，减少了小农户与现代产业之间的数字鸿沟

资料来源：笔者整理。

三、国内主要模式的主要经验

虽然数字经济推动乡村产业发展的模式各有侧重，主要做法、机制也有所不同，但都为我国乡村产业发展的数字化转型提供了可借鉴的经验，从目前数字经济推动乡村产业发展的现实状况来看，主要经验有以下四个方面：

（一）政府顶层设计与乡村产业措施落实要匹配

2019 年以来我国已出台多项与数字乡村、乡村产业发展规划等相关的政策，这些政策对数字经济与乡村产业发展做出整体部署，但各级政府在不同方面的制度贯彻和执行依据仍有待细化，这就导致了政府顶层设计与乡村落实之间的不匹配。这种不匹配主要表现为政策制定与执行过程中的脱节以及地方实际情况与中央政策之间的差异。

（1）政策制定的统一性与地方需求的多样性。中央政府在制定政策时，往往考虑到全国范围农业生产的普遍性和统一性，以确保政策的全面覆盖和实施效率。但由于地域差异性，同一农业政策在不同地区的适应性和有效性存在差异。

（2）信息传递的滞后性与基层执行的难度。政策的认知时滞和实施时滞导致政策供给和需求之间存在差距，在政策从中央到地方的传递过程中，可能会因为信息解读不一、传递不畅等原因，导致基层在执行时出现偏差。且基层干部和农民对政策的理解和接受度不一，部分农民因文化程度偏低而难以及时获取和理解新政策，加大农业政策基层实施的难度。

（3）资源配置的不均衡与地方创新能力的差异。在我国经济发达地区可能更容易获得更多的政策支持和资源，而经济相对落后的地区则可能面临资源匮乏的局面。例如，农业科技创新资源是提升农业综合生产能力、实现农业高质量发展的核心支撑，但其在我国往往集中于一些发达地区和大型科研机构，这导致基层地区和小规模农业生产者难以享受到科技进步带来的红利。

（4）政策评估的不足与反馈机制的完善。政策评估涉及评估主体的规范、评估工作的原则、评估方法的完善、评估结果的运用等多个方面，对政策实施效果的评估不足，可能导致政策制定者无法及时了解政策执行情况和存在的问题。

因此,在数字化对乡村产业进行质量、效率、动力变革时,需要注重政府顶层设计与乡村产业措施落实的匹配性,建立和完善从基层到中央的有效反馈机制,可以使政策的制定更加贴近实际,提高政策的针对性和有效性。

(二) 乡村数字设施与农业产业融合要匹配

数字经济发展依赖于对数据的获取、流通、整合与应用,数字基础设施是否完善影响着数字经济质量。受复杂自然地理环境导致乡村人口分布分散、发展思维观念限制和投资回报率较低等影响,我国乡村地区数字基础设施的建设与农业产业融合存在不匹配问题。农村地区网络、数据处理等基础设施不足,限制了数字技术的应用,导致数字化进程缓慢。

数字基础设施在推动农业农村现代化中发挥着至关重要的作用,但我国许多农村地区的基础设施建设仍然滞后。相较于城市,我国乡村数字硬件基础设施的建设明显落后,网络基站相对稀少与覆盖率低是一直是阻碍农业经济数字化发展的一个重要原因。特别是在偏远地区,光纤网络、5G等现代信息技术的覆盖率低,无法满足云计算、物联网等新技术对网络基础环境的需求,这种滞后性严重制约了数字技术在农业中的应用和推广。本章介绍的国内典型乡村模式中,在建设初期都面临完善数字基础设施的任务,花费了大量时间和资金,延缓了农业产业融合进程。此外,虽然近些年乡村地区的数字硬件基础设施也在逐步加强中,但乡村地区的征信体系、支付清算体系和监管体系等软件基础设施的建设依然滞后,数字经济与乡村产业融合发展是一个系统性工程,它需要完善的数字硬软件基础设施的支持。

(三) 数字人力资源与农业发展要匹配

数字经济与农业经济高质量的融合发展依赖于高数字素养人力资源的支撑,然而从当前乡村人口结构看,其人力资源的现状难以满足现实需要。

（1）人才流失严重。我国城乡教育水平、就业环境、医疗条件等的差异仍较大，大量有能力的年轻人从农村流向城市，导致农村地区人才外流严重，同时导致乡村地区的人口年龄结构失衡，乡村空心化和分散化问题也日益严峻。国家统计局 2024 年 4 月发布的《2023 年农民工监测调查报告》显示，2023 年我国农民工总人数为 2.98 亿人，其中跨省务工的人数为 6751 万人，40 周岁以下的人数占比接近一半。

（2）数字素养有待提高。具有高数字素养人才的匮乏致使数字经济与农业经济的融合发展面临着一系列不确定性。由于来自乡村涉农专业的本科毕业生回乡村就业的比率仍相对较低，加之村镇干部数字素养也有待提高，乡村大量青壮年劳动人口的外流显然不利于数字化技术在乡村的推广应用，使得农业经济数字化转型缺乏足够的高数字素养的人力资源支撑。

（3）数字人才短缺。数字乡村建设不仅需要硬件的支持，更需要专业人才的参与。由于教育水平的限制和人才流失的问题，乡村地区普遍缺乏对数字技术和数字经济有深入理解的专业人才，这限制了数字农业的发展速度和质量。同时，乡村地区也难以吸引外部专业人才加入，导致数字化发展意识薄弱，管理水平不高。乡村地区的教育体系往往不能及时更新，缺乏对现代数字技能的培训，导致农民无法掌握新兴的数字技术，在职人员也难以获得提升数字技能的机会。

（四）新质生产力与农业数字化要匹配

长期以来我国对农业科技领域的投入相对不足，这导致数字农业经济的科技水平落后于欧美等传统农业强国。这主要表现在以下两个方面：

（1）技术应用与农业实际需求脱节。新技术不断涌现，但并非所有技术都适合农业的实际需求。农业生产者对新技术的认知和使用能力有限，难以有效利用这些技术提高生产效率。此外，由于我国乡村地域辽阔，各地的地理位置、气候条件、种养结构、技术水平差异性较大，导致农业经济的类型千差万别。当前针对数字经济与农业经济融合发展的科技成果较为宽泛，未能充分体现出各地农业经济区域、条件、技术上的差异，真正将大数据、人工智能、移动互联网、云平台、区块链等高新技术对接乡村产业现实场景应用的技术成果还不多。数字技术的发展与乡村产业需求之间存在一定脱节的现象说明数字农业经济相关的科技研究亟须加强。传统的农业生产方式和文化观念根深蒂固，农民对于新技术的接受度不高，改变的意愿不强，影响了新技术的推广应用。农村地区缺乏鼓励创新和容忍失败的文化氛围，限制了科技创新成果的应用和推广。

（2）技术研发与应用脱节。部分科研成果并非基于市场需求研发，而是科研工作或个人兴趣的产物，缺乏创新性和针对性，难以转化为实际应用的技术。即便有高新技术研发成功，由于农民的应用能力和接受度有限，这些技术也很难在实际生产中得到广泛应用。缺乏有效的技术转移机制，科研资源较为分散，科研机构与企业、农户之间信息沟通不畅，阻碍了科技成果的快速转化和应用。我国虽然已经成为全球举足轻重的数字经济大国，但数字经济向农业领域的渗透率一直处于较低的水平。中国信息通信研究院于2021 年发布的《中国数字经济发展白皮书》显示，2020 年中国第一、二、三产业的数字经济渗透率分别达到了 8.9%、21.0%、40.7%，而德国与英国数字经济对农业的渗透率却达到23.1%与 27.5%。

除此之外，农业数字化需要大量懂技术、会管理的复合型人才，而这类人才在农村地区尤为稀缺。现有的教育和培训体系未能及时跟进新质生产力的发展，无法满足快速变化的技术需求。相关政策的制定和执行过程中存在一定的滞后性，不利于新质生产力的快速发展，市场对于新技术的接受度和推广力度不足，缺乏有效的激励机制。

四、本章小结

本章通过分析中国数字经济下乡村产业发展的四种典型模式的特点及实践结果，将它们的侧重点、主要做法以及发展机制进行对比分析，总结出了国内主要模式的现实堵点。在乡村振兴的战略背景下，吴江区紧扣农业农村现代化总目标发展智慧农业模式，把握长三角生态绿色一体化发展的重大机遇，以现代农业产业园区为抓手，以发展生态农业、循环农业、智慧农业、休闲农业为导向，以现代高效农业科技示范和科研实验为载体，推进实现农业高质高效、乡村宜居宜业、农民富裕富足。浙江杭州把握优渥的电子商务生态环境，开创农产品电商新模式，并创新性地打造"共富工坊"电商模式，盘活农村闲置资源，促进了电商平台与农产品品牌的深度融合，为全国农村电商发展提供了可借鉴、可持续的电商经验。河南兰考于困境中寻出路，抓住国家普惠金融改革试验契机，变劣势为优势，以"金融+农业"模式为乡村振兴注入金融活水，不仅优化了农村金融环境，还改善了三农问题，成功助力兰考脱贫摘帽，为全国提供宝贵的"兰考模式"和兰考经验。湖北秭归在乡村振兴和数字经济两大国家战略引领下，结合自身的特色农业优势，采用农业数据信息模式赋能特色农产品转型升级，同时推动乡村治理数字化转型，打造宜业宜居的特色乡村。

各模式以国家战略为引领，以自身特色为基底，以数字资源为"引擎"，推动乡村产业发展。但目前我国数字经济下乡村产业的发展模式仍存在政府顶层设计与乡村落实不匹配、乡村数字设施与农业产业融合不匹配等现实堵点，仍要继续夯实数字经济基础设施建设、改善乡村数字人才供给现状，推动传统农业向数字化转型，激发新质生产力的内生动力。

第❽章
未来趋势与实现路径

目前我国社会主要矛盾已经转化为人民日益增长的美好生活需要和不平衡不充分的发展之间的矛盾，乡村产业在发展过程中不断出现新问题，同时新产业、新业态、新模式也在不断形成，促使新动能的产生。数字经济在这一过程中起到重要作用，产业发展也在不断进行质量、效率、动力变革。在前几章的理论与实证分析的基础上，本章对乡村数字经济推进乡村产业发展的质量、效率与动力变革的未来趋势与实现路径进行了阐述。在未来趋势分析方面，重点围绕乡村数字经济发展的未来趋势，数字赋能乡村产业发展的未来趋势以及乡村产业发展的质量、效率、动力变革的未来趋势进行；在路径选择方面，重点围绕乡村数字基础设施、数字人才、数字技术等数字化建设问题以及如何推动产业结构优化、赋能产业转型等方面进行。

一、未来趋势

继农业经济、工业经济之后，数字经济也在蓬勃发展，已成为当前主要的经济形态之一，在推进乡村产业发展、实施数字乡村发展行动中发挥着积极的作用，已成为推动乡村振兴的重要路径。随着数字经济与产业发展的深度融合，新问题、新障碍不断涌现，但整个数字经济对乡村产业发展的赋能在不断完善。

（一）乡村数字基础设施正在逐渐完备

当前我国乡村地区数字化基础设施依旧薄弱，乡村数字基础设施并不完备，特别是部分偏远乡村地区，由于地理条件等问题，导致数字网络覆盖存在很多盲点。同时，部分乡村地区仍存在网络建设难题，如乡村网络建设成本较高等。在一些较为贫困落后的地区，由于地形、地势复杂，人口密度相对较小，导致有关网络基础设施的建设成本较高，乡村获得农业信息的能力存在一定的滞后性，乡村网络基础设施难以支撑乡村产业的数字化发展。

随着数字经济的快速发展，乡村数字基础设施在逐渐完备。第 54 次《中国互联网络发展状况统计报告》显示，截至 2024 年 6 月，城镇地区互联网普及率为 85.3%，乡村地区为 63.8%，与 2022 年 6 月的数据相比，乡村地区互联网普及率提升了 5 个百分点。2024 年 5 月工业和信息化部等四部门联合印发的《2024 年数字乡村发展工作要点》指出，通过数字乡村发展战略，推动乡村振兴，加快农业、农村现代化发展。在政策的支持下，电信普遍服务覆盖 200 多个城市，偏远大山深处的小村落陆续在消除信号盲点。可见，城乡之间虽然存在一定差距，但乡村数字基础设施正在持续优化，逐渐完备。

（二）乡村数字化人才培育正在不断加强

数字经济时代也是人才经济时代（白晓玉，2023），中国乡村数字人才缺口的现状是多方面的，包括总体数量不足、结构性分布不均以及高层次人才缺乏等问题。《产业数字人才研究与发展报告（2023）》指出，目前中国数字化人才缺口在 2500 万到 3000 万之间，同时，乡村建设主体的数字素养普遍偏低。由于历史原因和地域限制，乡村地区的数字化水平相对较低，乡村数字人才的短缺是抑制乡村经济发展的重要因素。一方面，与城市相比，乡村人口数字素养相对较低，特别是乡村存在大量空巢老人、留守儿童，他们的数字化意识不强，对数字技术引领产业高质量发展的认识不足，难以参与数字乡村建设。另一方面，乡村难以留住数字化人才。与城市相比，乡村在薪资待遇、发展环境等方面较为落后，导致具有较高文化水平、技术水平的就业者大多愿意留在城市，主动回乡就业的人仅占极少部分，乡村在吸引人才、留住人才方面处于明显的劣势地位，这就导致乡村人才更为缺乏。尤其是新型农业的发展，更需要农业数字化转型，数字农业的发展需要人才支撑，具有数字技术同时有一定农业知识的人才少之又少。

为应对数字时代乡村振兴的需要，政府已采取措施大力培养乡村数字化人才，将数字科技赋能于人。随着以人为本理念的落实，推动了乡村产业创新发展，通过加强农村地区人力资本积累，为乡村振兴注入活力、动力。数字化人才是现代信息技术的掌握者与关键力量，政府推动产学研多元化培养策略，培养既懂技术又懂乡村的数字化人才队伍，并通过推广信息技术、数字化技术，帮助其提升数字素养，使之更为适应现代化农业发展的需求。

（三）乡村数字技术正在不断提高

数字技术虽然是促进乡村产业发展的重要途径，但数字技术在乡村产业发展过程中的应用仍存在不足。主要源于三方面：一是部分农民保守落后的意识致使其不愿使用新型技术。中国传统的经济模式以小农经济为基本特征，随着生产力的不断发展，虽有所改变，但因循守旧、安于现状的思想观念导致人们对新技术产生抗拒心理，阻碍了数字技术在乡村产业发展过程中的应用。二是与城市相比，乡村人口的整体知识水平与数字素养相对较低，村民参与的积极性不高，导致数字技术在乡村难以推广。三是部分农村土地经营权分散，与数字技术对土地集约化程度要求高相矛盾，导致数字技术难以投入到农业生产经营过程中，同时由于数字技术的前期投入相对较高，农民受到资金的限制，不愿投入更多资金用于购买数字设备。

随着对乡村数字人才的不断培育，乡村数字技术水平已在不断提高，通过将数字技术与实体农业有效结合，实现"农业+数字技术"，有力整合乡村资源，创新多种增长业态，充分激发农民创业激情，促进农业产业多元化发展。

（四）乡村数字化赋能产业效果正在不断增强

数字化有助于农业创新发展，便于提升农业生产经营销售水平，促进乡村产业共建共享，为乡村产业关系变革提供强大动力，全面提升乡村经济集约化、规模化水平，但乡村产业发展的同时，一些问题也在逐步显现。首先，乡村产业布局不合理，部分乡村产业存在重复建设，大多表现为不强不精。同时，由于劳动力要素从农村向城市流动，导致农村老龄化问题更为严重，乡村产业发展人才不足，政策落实不到位。其次，数字化的背景为乡村产业发展提供了契机，但由于乡村传统思想的限制，在乡村产业发展过程中质量变革、效率变革和动力变革不足，限制了乡村产业发展的质量。虽然数字经济的发展推动经营体系、经营方式更为契合乡村产业发展的要求，但对产业赋能的效果仍不够。最后，乡村产业链的联结不强、融合不足等特征导致乡村产业发展效益不高，创新能力不强，难以突出乡村特色，无法形成专业乡村特色产业链。

随着数字要素在产业发展过程中的作用越来越强，农业产业高质量发展已离不开数字化。《2023年数字乡村发展工作要点》表明，2021~2027年我国农业数字经济渗透率将由9.7%达到16.8%。各地区为落实乡村振兴战略，在各级政府的科学引导下，已构建起多种产业发展新业态，如乡村旅游业、观光农业、乡村电子商务、康养产业等，并提出"一村一品"等目标，为乡村产业发展提供了新动能，数字赋能产业效果不断增强。

（五）乡村数字赋能相应措施正在不断完善

支持乡村数字产业发展的相关产业、金融、财政等配套措施并未完全落实，导致数字赋能乡村产业发展面临诸多困难与风险。同时，乡村产业发展的独特性使其在实际发展过程中受到诸多限制，如产业发展顶层设计缺乏，发展迷失方向，仅围绕相应的政策、资金等产业优惠政策进行行动，导致产业发展难以脱离粗放式的发展方式，集约型发展不足，而产业发展长效机制的缺乏，更是会导致产业创新拓展能力不足，从而使乡村产业步入"特色不特"的窘境。

自2019年起，我国已提出很多关于数字乡村建设的政策。2019年5月，国务院印发《数字乡村发展战略纲要》，明确将数字乡村作为乡村振兴的战略方向，提出加快信息化发展，整体带动和提升农业农村现代化发展。2020年1月农业农村部、中央网络安全和信息化委员会办公室印发的《数字农业农村发展规划（2019—2025年）》指明了新时期数字农业农村建设的发展目标、总体思路和重点任务。2020年5月发布的《2020年数字乡村发展工作要点》明确了2020年数字乡村发展的工作目标和重点任务，致力于推进国家数字乡村工作。2024年5月印发的《2024年数字乡村发展工作要点》重申了数字化对农业农村现代化的作用。2024年9月发布的《数字乡村建设指南2.0》从建设内容、建设方法和保障机制等方面作了部署。由此可见，我国在乡村数字产业发展顶层设计方面已进行了多方面部署，系统的、精细的保障措施在不断完善。

二、实现路径

针对乡村数字经济赋能产业发展的质量、效率和动力变革，实现路径如图 8-1 所示。

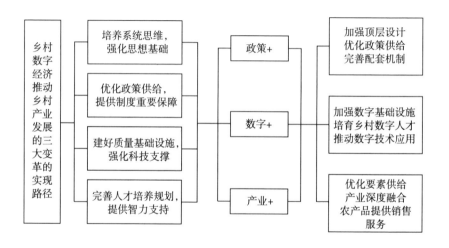

图 8-1 乡村数字经济推动产业发展的三大变革的实现路径

资料来源：笔者整理。

（一）加强顶层设计，创造产业发展环境

乡村产业振兴是推动乡村振兴的关键，须围绕乡村振兴五大目标，对三农工作进行统筹组织和领导规划。政府的顶层设计和科学规划对于乡村数字经济推动乡村产业发展具有关键作用，中央政府与各地方政府相继围绕其制

定各种配套政策与实施方案。各地政府根据不同的气候和地质条件，立足区域农业发展特点，加强对数字农业工作的宏观指导，促进相关政策落地实施，鼓励发展适合本地实际的数字农业模式（宋洪远、唐文苏，2024）。

具体路径：一是政府统筹各类资源，完善乡村产业的数字化管理体制，采用互联网、人工智能、大数据等技术手段，提高乡村产业的服务标准和管理水平，围绕重点领域、重点产业实施一批智慧农业重大项目工程，加强农业关键技术研究与应用示范，探索可复制、可推广的发展模式。二是政府要针对乡村产业发展的阶段性特征，构建标准化的数字经济保障制度，并进行动态优化，落实优惠政策，加强乡村产业智能化、数字化转型等方面的补贴力度。三是政府引导大力推进信息化、网络化和智能化的治理工作，加强农业科研经费投入，加大科技攻关力度，不断提高研发能力和应用水平。建立以科技为支撑的政府引导、企业运营的参与机制，鼓励更多社会资本参与到农业建设之中，引入市场机制以更好地推动农业生产、销售等环节快速发展（宋洪远、唐文苏，2024）。四是政府引导建立农业物联网综合应用服务平台，抓好农业信息服务，加强信息流通与共享机制，为推动新型农业发展提供便利。

（二）加强数字设施建设，助推产业质量变革

数字化信息基础设施的完善是实现数字经济与农业农村经济融合发展的先决条件（温涛、陈一明，2020）。惠宁、薛瑞宏（2023）研究认为，推进数字基础设施建设，能够推动中国经济实现质的有效提升和量的合理增长。数字乡村建设首先需要解决数字基础设施建设不完善问题，特别是如何完善县域或偏远山区的乡村数字基础建设，全面提升数字设施质量，补齐服务短板。乡村产业发展存在明显的地域差异性，这导致建设数字基础设施的路径不同，政府应以因地制宜、统筹规划为指导原则，落实数字基础设

施建设。

具体路径：一是完善乡村数字基础建设顶层制度设计，妥善把握顶层政策规划与基层政策落实之间的关系，将乡村数字基础设施建设作为乡村建设的评价指标，形成正向引导。对乡村数字基础设施建设与乡村传统基础建设实行归口管理，做到"规划、设计、施工、验收"四同步。二是解决网络覆盖、信息通畅问题，研发和推广适合农民操作和使用的信息终端设备，统筹规划与建设农村物流基础设施（李洁，2018）。通过完善已有的宽带网络、信息通信等数字基础设施，立足地区自身优势，因地制宜进行数字基础设施建设，缩小地区间的"数字鸿沟"，并进一步加大政府财政对数字基础设施建设的投资力度。三是加快发展大型化、自动化、智能化的高端农业设备，提高农机装备信息整合、精准作业等能力，突破主要农业经济作物全程机械化的瓶颈；加快农村公路、水利、冷链物流、电力、农业生产加工等传统基础设施的智能化、数字化升级，实现新旧数字基础设施的有效衔接与转换。四是通过农村物流枢纽建设，将农产品的生产、加工、仓储、运输、配送等服务串联起来，形成不同层级的网络结构（何雷华等，2022）。梁林（2022）的研究也认为农产品加工、储藏、冷链运输和物流配送等基础设施建设还相对滞后，农村地区的现代化设备短缺，造成农业现代化程度较低。通过财政投资等方式不断补齐农村基础设施发展的短板，以"新基建"为抓手，加快推动农村5G基础设施和应用场景的建设，建立农业农村大数据中心，实现农业生产和农民生活的数字化改造（谢璐、韩文龙，2022）。五是推进数字基础设施共建共享，将大数据、物联网等融入乡村，特别是偏远地区，加强相关组织之间的协作配合，通过先进科技如卫星通信等来实现全面网络覆盖。与此同时，也应加大农村居民信息技能培训力度，提升其运用数字设备的水平。

（三）加强数字人才培育，提升产业效率变革

人才是乡村产业振兴的关键，乡村数字产业建设需要大量数字人才支撑，目前乡村数字人才的缺乏阻碍了乡村产业发展，只有提升乡村人才素质与创新能力，才能实现产业效率变革。

具体路径：一是吸引大学生、返乡就业人员、科研院所科技人才参与乡村产业发展。通过优惠政策，鼓励、支持乡村人才返乡创业就业，充分发挥高校和科研单位的技术优势，为村民及农业经营管理人员提供与数字技术相关的培训。二是注重培养农民数字化素养。通过多条渠道对农民进行乡村数字化应用能力培训，增强农民的数字网络意识，如可以邀请相关数字技术领域的专家开设讲座，形成政府、社会、高校、企业相结合的数字人才培训体系，推动乡村数字人才的发展。三是加快推进乡村数字化产业发展，让农民切实感受到数字带来的好处，体会到数字技术带给日常生活的便利性，从而激发农民学习数字技术的积极性。四是重点关注新型农业经营主体与新型农民的管理者，助力提升其数字技术水平，将其培养成了解农业发展规律又掌握数字技术的复合型人才，为乡村产业发展注入新鲜动力，提升产业发展效率。

（四）改进数字共享机制，推动产业动力变革

在数字经济推进乡村产业发展的变革过程中，形成乡村产业发展的多主体参与机制，通过建立数字流动共享机制，提升乡村数字治理水平，利用数字技术建立信息共享平台，成为推动乡村产业发展的动力。

具体路径：一是改进数据流动共享机制，建设完善的数据管理体系。利用数字化平台，形成城乡之间、产业之间、农户与市场之间数据交易市场，促使产业主体与市场更好衔接，实现产加销一体化的数字共享机制，保护企

业权益的同时，引导农户主动融入数字化乡村建设之中，促进农民增收。二是形成跨层级、部门、地域、行业的共享数据库，打破不同主体之间的沟通壁垒，共享信息资源，将不同组织吸纳到乡村产业发展的决策过程之中，提升乡村产业治理水平，降低乡村治理成本，更好地为乡村产业服务。

（五）利用数字技术手段，推动产业优化升级

中国农业经历几千年的发展历程，产业生产率显著提高。但乡村产业生产始终无法摆脱对传统要素的依赖，包括自然资源、劳动力、资本等在内的要素配置格局始终未变。在农业生产过程中，通过物联网、云计算等现代技术改善农业结构、加强生产管理，使得生产环节对劳动力和水、土地等自然资源的依赖逐渐弱化（赵敏娟，2023）。农业资源的有限性、要素禀赋的区域差异性以及禀赋结构短期内的稳定性等，决定了农业现代化不能单纯依靠资源要素密度投入来实现，需要依靠农业生产效率的提升（钟真，2019）。数字技术能够为基础的数字经济强化技术创新驱动，破解资源环境约束，在实现资源集约化配置的基础上，提高产出效益，推动经济增长的动力变革（任保平，2020）。

具体路径：一是运用数字技术，将农业生产由田间逐渐向室内转移。数字的"精准化"属性使生产者足不出户即可远程操控进行精准作业，这不仅有效规避了传统农业无法摆脱的自然风险，而且打破了传统农业生产的空间限制，从而实现农业生产在时间上的继续与空间上的并存。发展乡村数字经济，就须实现数字技术与乡村产业的深度结合，充分发挥数字技术的外溢性与渗透性，在积极的政策导向下，加强数字技术的基础性和创新性研究，尤其要聚焦乡村重点发展产业，打造数字化的发展平台。二是利用"互联网+"优化产业链、价值链结构，构建集实时感知、智能决策、自动控制、精准作业、科学管理于一体的农业体系。在农业大数据平台的支撑下，消费情况会

第一时间反馈给农业生产部门，后者可根据相应的市场消费情况第一时间对农业生产做出调整，实现对生产的精准控制，农业各环节形成较高的跨区域、跨领域通达性，进而推动要素和信息的双向流动与农业各环节互动的提升。信息流动性的正向溢出效应和动态反馈机制，使农业有效规避蛛网型波动，从而保证了农业生产、销售和消费等各环节的稳定运行（赵敏娟，2023），通过引入数字化技术，提高农业生产经营的精准度和效率，进一步帮助农民更加科学地进行农业生产管理，提高产量和品质，推动农村经济的多元化发展。

总之，通过数字化改造推动乡村产业发展的质量变革、效率变革与动力变革是一项长期、艰巨的工程，建设周期较长，涉及部门较多，影响因素复杂多样，在发展过程中要加强监督和指导，采取刚性约束制度，避免各种投机行为的发生，不断增强乡村产业发展的科学性和有效性。加强相关政策支持和风险防范，有助于完善相关利益联结机制。在价值链下，培育多元化乡村产业融合主体，农业价值链的升级，需要农业产业化龙头企业、农民合作社、农民等多元主体协同发力，农业支持政策对于多元培育具有促进作用。建立乡村产业发展工作考核体系，深化政府管理体系改革，进一步优化营商环境，鼓励和引导各类主体积极参与乡村建设，形成良好的工作合力和氛围；加快制定财政、金融、税收、产业等多种优惠政策，为乡村产业发展保驾护航。

参 考 文 献

［1］ Aruleba K, Jere N. Exploring digital transforming challenges in rural areas of South Africa through a systematic review of empirical studies ［J］. Scientific African, 2022 （16）: e01190.

［2］ Bobylev S N, Solovyeva S V, Palt M V, et al. The digital economy indicators in the sustainable development goals for Russia ［J］. Vestnik Moskovskogo Universiteta. Seriya, 2019, 6 （4）: 24-41.

［3］ Bukht R, Heeks R. Defining, Conceptualising and measuring the digital economy ［J］. International Organisations Research Journal, 2018, 13 （2）: 143-172.

［4］ Chang H, Ding Q, Zhao W, et al. The digital economy, industrial structure upgrading, and carbon emission intensity—empirical evidence from China's provinces ［J］. Energy Strategy Reviews, 2023 （50）: 101218.

［5］ Chen Z, Wei Y, Shi K, et al. The potential of nighttime light remote sensing data to evaluate the development of digital economy: A case study of China at the city level ［J］. Computers, Environment and Urban Systems, 2022 （92）: 101749.

［6］ Cristobal-Fransi E, Montegut-Salla Y, Ferrer-Rosell B, et al. Rural cooperatives in the digital age: An analysis of the Internet presence and degree of maturity of agri‐food cooperatives' e‐commerce [J]. Journal of Rural Studies, 2020 (74): 55‐66.

[7] Dagum C. A new approach to the decomposition of the Gini inequality ratio [J]. Empirical Economics, 1997, 22 (4): 515‐531.

[8] Drobež E, Rogelj V, Bogataj D, et al. Planning digital transformation of care in rural areas [J]. IFAC PapersOnLine, 2021, 54 (13): 750‐755.

[9] Guo B, Wang U, Zhang H, et al. Impact of the digital economy on high‐quality urban economic development: Evidence from Chinese cities [J]. Economic Modelling, 2023 (120): 106194.

[10] Jéssica A, Nubia G, Murilo N, et al. Dimensions of digital transformation in the context of modern agriculture [J]. Sustainable Production and Consumption, 2022 (34): 613‐637.

[11] Le Thanh Ha. An investigation of digital integration's importance on smart and sustainable agriculture in the European region [J]. Resources Policy, 2023 (86): 104158.

[12] Lin J, Tao J. Digital resilience: A multiple case study of Taobao village in rural China [J]. Telematics and Informatics, 2024 (86): 102072.

[13] Liu B, Zhan J, Zhang A. Empowering rural human settlement: Digital economy's path to progress [J]. Journal of Cleaner Production, 2023 (427): 139243.

[14] Li Z Q, Liu Y. Research on the spatial distribution pattern and influencing Factors of Digital Economy Development in China [J]. IEEE Access, 2021 (9): 63094‐63106.

[15] Luan B J, Zou H, Huang J B. Digital divide and household energy poverty in China [J]. Energy Economics, 2023 (119): 106543.

[16] Ma X, Feng X, Fu D, et al. How does the digital economy impact sustainable development? —An empirical study from China [J]. Journal of Cleaner Production, 2024 (434): 140079.

[17] Miao Z L. Digital economy value chain: Concept, model structure, and mechanism [J]. Applied Economics, 2021, 53 (37): 4342-4357.

[18] Neeraj S, Avinash K, Kushankur D. Unlocking the potential of knowledge economy for rural resilience: The role of digital platforms [J]. Journal of Rural Studies, 2023 (104): 103164.

[19] Pattanapong T, Beth C, Menelaos G. How can rural businesses thrive in the digital economy? A UK perspective [J]. Heliyon, 2022 (8): e10745.

[20] Pei B, Zhang Y. Digital economy, declining demographic dividends and the rights and interests of low-and medium-skilled labor [J]. Economic Research Journal, 2021, 56 (5): 91-108.

[21] Qin Z, Pei X, Andrianarimanana M, et al. Digital inclusive finance and the development of rural logistics in China [J]. Heliyon, 2023 (9): e17329.

[22] Ren X, Zeng G, Giray G. How does digital finance affect industrial structure upgrading? Evidence from Chinese prefecture-level cities [J]. Journal of Environmental Management, 2023 (330): 117125.

[23] Sanchita B, Shifali S, Priya N. Assessing the role of natural resource utilization in attaining select sustainable development goals in the era of digitalization [J]. Resources Policy, 2022 (79): 103040.

[24] Shahadat H, Shamal C, Matiar R, et al. Dynamic links among the demographic dividend, digitalization, energy intensity and sustainable economic growth: Empirical evidence from emerging economies [J]. Journal of Cleaner Pro-

duction, 2022 (330): 129858.

[25] Shao K, Ma R, Joseph K. An in-depth analysis of the entrepreneurship of rural chinese mothers and the digital inclusive finance [J]. Telecommunications Policy, 2023 (47): 102593.

[26] Shen Z, Wang S, Hao Y, et al. Digital transition and green growth in Chinese agriculture [J]. Technological Forecasting & Social Change, 2022 (181): 121742.

[27] Stefan P, Maximilian K, Kavya M, et al. Co-design of digital transformation and sustainable development strategies—what socio-metabolic and industrial ecology research can contribute [J]. Journal of Cleaner Production, 2022 (343): 130997.

[28] Wang J, Wang B, Dong K, et al. How does the digital economy improve high-quality energy development? The case of China [J]. Technological Forecasting & Social Change, 2022 (184): 121960.

[29] Wang J. Digital inclusive finance and rural revitalization [J]. Finance Research Letters, 2023 (57): 104157.

[30] Wang Y, Peng Q, Jin C, et al. Whether the digital economy will successfully encourage the integration of urban and rural development: A case study in China [J]. Chinese Journal of Population, Resources and Environment, 2023, 21 (1): 13-25.

[31] Wang Y, Wang Z, Shuai J, et al. Can digitalization alleviate multidimensional energy poverty in rural China? Designing a policy framework for achieving the sustainable development goals [J]. Sustainable Production and Consumption, 2023 (39): 466-479.

[32] Yang Q, Ma H, Wang Y, et al. Research on the influence mechanism

of the digital economy on regional sustainable development ［J］. Procedia Computer Science，2022（202）：178-183.

［33］Yu D，Yang L，Xu Y. The Impact of the digital economy on high-quality development：An analysis based on the national big data comprehensive test area ［J］. Sustainability，2022（14）：14468.

［34］Zhao X，Xie C，Huang L，et al. How digitalization promotes the sustainable integration of culture and tourism for economic recovery ［J］. Economic Analysis and Policy，2023（77）：988-1000.

［35］Zhao Y，Song Z，Chen J，et al. The mediating effect of urbanisation on digital technology policy and economic development：Evidence from China ［J］. Journal of Innovation & Knowledge，2023（8）：100318.

［36］白晓玉. 数字经济时代数字乡村人才发展研究 ［J］. 对外经贸，2023（10）：31-33.

［37］白永秀，张佳，王泽润. 乡村数字化的内涵特征、理论机制与推进策略 ［J］. 宁夏社会科学，2022（5）：111-119.

［38］柏晶坤. 发达的英国农业：政府计划、高度干预的市场经济 ［J］. 中国经济报告，2022（5）：46-52.

［39］毕会娜，李春阳. 新发展格局下数字经济发展对县域产业结构升级的影响——基于流通效率的中介效应检验 ［J］. 商业经济研究，2022（16）：185-188.

［40］曹梅英，谭启云，王立新. 共同富裕背景下乡村数字化发展对乡村产业振兴的影响研究——以广西为例 ［J］. 农业经济，2023（2）：41-45.

［41］常凌翀. 数字乡村战略下农民数字化素养的价值内涵与提升路径 ［J］. 湖南社会科学，2021（6）：114-119.

［42］陈诗一，陈登科. 雾霾污染、政府治理与经济高质量发展

[J]. 经济研究，2018，53（2）：20-34.

[43] 陈晓红，李杨扬，宋丽洁，等. 数字经济理论体系与研究展望 [J]. 管理世界，2022，38（2）：208-224.

[44] 陈雪梅，周斌. 数字经济推进乡村振兴的内在机理与实现路径 [J]. 理论探讨，2023（5）：85-90.

[45] 陈一明. 数字经济与乡村产业融合发展的机制创新 [J]. 农业经济问题，2021（12）：81-91.

[46] 程莉，王伟婷，章燕玲. 数字经济何以推动乡村生态振兴？——基于中国省级面板数据的经验证据 [J]. 中国环境管理，2023，15（6）：105-114.

[47] 丛昊，张春雨. 数字技术与企业高质量创新 [J]. 中南财经政法大学学报，2022（4）：29-40.

[48] 崔凯，冯献. 数字乡村建设视角下乡村数字经济指标体系设计研究 [J]. 农业现代化研究，2020，41（6）：899-909.

[49] 崔敏，赵增耀. 服务业内部结构异质性与高质量发展路径——基于全要素生产率视角 [J]. 山西财经大学学报，2020，42（6）：73-86.

[50] 丁志帆. 数字经济驱动经济高质量发展的机制研究：一个理论分析框架 [J]. 现代经济探讨，2020（1）：85-92.

[51] 董银果，钱薇雯. 新发展格局下农产品品牌发展路径研究——基于农产品质量投入的视角 [J]. 中国软科学，2022（8）：31-44.

[52] 杜勇，娄靖. 数字化转型对企业升级的影响及溢出效应 [J]. 中南财经政法大学学报，2022（5）：119-133.

[53] 方湖柳，潘娴，马九杰. 数字技术对长三角产业结构升级的影响研究 [J]. 浙江社会科学，2022（4）：25-35+156-157.

[54] 樊胜根，龙文进，孟婷. 加快形成农业新质生产力引领农业强国

建设 [J]. 中国农业大学学报（社会科学版），2025（42）：1-15.

[55] 范建华，邓子璇. 数字文化产业赋能乡村振兴的复合语境、实践逻辑与优化理路 [J]. 山东大学学报（哲学社会科学版），2023（1）：67-79.

[56] 范玉茹，刘金方. 数字经济赋能乡村振兴的内在逻辑与实现路径 [J]. 农业经济，2023（4）：41-43.

[57] 付登鑫. 乡村振兴背景下发展订单农业的对策建议 [J]. 粮食问题研究，2023（1）：33-36.

[58] 顾悦宁，吴小菁. 基于知识图谱的国内外订单农业研究文献述评 [J]. 农村经济与科技，2023，34（15）：56-59.

[59] 郭朝先，苗雨菲. 数字经济促进乡村产业振兴的机理与路径 [J]. 北京工业大学学报（社会科学版），2023，23（1）：98-108.

[60] 郭峰，王靖一，王芳，等. 测度中国数字普惠金融发展：指数编制与空间特征 [J]. 经济学（季刊），2020，19（4）：1401-1418.

[61] 韩旭东，刘闯，刘合光. 农业全链条数字化助推乡村产业转型的理论逻辑与实践路径 [J]. 改革，2023（3）：121-132.

[62] 郝政，何刚，王新媛，等. 创业生态系统组态效应对乡村产业振兴质量的影响路径——基于模糊集定性比较分析 [J]. 科学学与科学技术管理，2022，43（1）：57-75.

[63] 何爱平，李清华. 数字经济、全劳动生产率与区域经济发展差距 [J]. 经济问题，2022（9）：9-17.

[64] 何雷华，王凤，王长明. 数字经济如何驱动中国乡村振兴？[J]. 经济问题探索，2022（4）：1-18.

[65] 何玉长，潘超. 经济发展高质量重在实体经济高质量 [J]. 学术月刊，2019，51（9）：57-69.

［66］侯方淼，李晓怡，肖慧，等．数字经济赋能中国乡村林业发展：理论机制、成效分析及政策启示［J］．世界林业研究，2023，36（2）：1-6.

［67］胡本田，肖雪莹．异质型环境规制对经济高质量发展的影响研究——以长江经济带为例［J］．兰州财经大学学报，2022，38（4）：15-26.

［68］胡传胜．从经验主义到激进主义——18世纪英国社会思想的发展［J］．英国研究，2014（0）：95-105+165.

［69］胡利泉，李宝值，朱奇彪，等．构建政企协作的乡村产业数字化发展模式研究［J］．浙江农业学报，2023，35（10）：2490-2499.

［70］黄庆平，李猛，周泳，等．数字经济与农业经济融合发展的国际模式、现实堵点与突破路径［J］．农业经济，2023（3）：3-5.

［71］黄速建，肖红军，王欣．论国有企业高质量发展［J］．中国工业经济，2018（10）：19-41.

［72］黄贤环，王瑶．实体企业资金"脱实向虚"与全要素生产率提升："抑制"还是"促进"［J］．山西财经大学学报，2019，41（10）：55-69.

［73］黄小勇，邹伟，李世成，等．数字化产村融合激活农村闲置资源的演化博弈行为研究［J］．中国软科学，2023（7）：151-167.

［74］霍鹏，殷浩栋．弥合城乡数字鸿沟的理论基础、行动逻辑与实践路径——基于"网络扶贫行动计划"的分析［J］．中国农业大学学报（社会科学版），2022，39（5）：183-196.

［75］姜靖，刘永功．美国精准农业发展经验及对我国的启示［J］．科学管理研究，2018，36（5）：117-120.

［76］蒋庆正，李红，刘香甜．农村数字普惠金融发展水平测度及影响因素研究［J］．金融经济学研究，2019，34（4）：123-133.

［77］金福子，卢衍航．数字化精准赋能乡村产业振兴的逻辑建构及增能路径［J］．学术交流，2023（5）：114-127.

[78] 金星晔，伏霖，李涛．数字经济规模核算的框架、方法与特点 [J]．经济社会体制比较，2020（4）：69-78．

[79] 景琴玲，沈楒琪．基于"双元制"的德国职业教育 [J]．留学，2024（2）：24-27．

[80] 康书生，杨娜娜．数字普惠金融发展促进乡村产业振兴的效应分析 [J]．金融理论与实践，2022（2）：110-118．

[81] 黎翠梅，周莹．数字普惠金融对农村消费的影响研究——基于空间计量模型 [J]．经济地理，2021，41（12）：177-186．

[82] 黎红梅，周冲．全面推进乡村振兴背景下农村高效物流体系构建分析 [J]．理论探讨，2021（3）：139-144．

[83] 李丹，王珩．乡村数字经济新业态发展机理与路径研究 [J]．农业经济，2023（4）：47-49．

[84] 李飞星，叶云，张光宇．数据价值链构件及其作用机理——基于数字技术促进农业产业的案例 [J]．科技管理研究，2022，42（11）：108-115．

[85] 李汉卿．农业政策"合意空间"：日本乡村振兴的政治密码 [J]．兰州学刊，2024（4）：127-137．

[86] 李洁．农业多元价值下的农村产业融合：内在机理与实现路径 [J]．现代经济探讨，2018（11）：127-132．

[87] 李宁，李增元．新型集体经济赋能农民农村共同富裕的机理与路径 [J]．经济学家，2022（10）：119-128．

[88] 李帅娜．数字技术赋能服务业生产率：理论机制与经验证据 [J]．经济与管理研究，2021，42（10）：51-67．

[89] 李翔，宗祖盼．数字文化产业：一种乡村经济振兴的产业模式与路径 [J]．深圳大学学报（人文社会科学版），2020，37（2）：74-81．

[90] 李晓红，代竹．私域流量赋能乡村产业振兴的新业态新模式及数

据要素开发意蕴［J］. 南昌大学学报（人文社会科学版），2023，54（3）：81-89.

［91］李晓红，王晓宇. 农村数字化、农民创业与乡村产业结构升级——基于省级面板数据的 PVAR 动态分析［J］. 调研世界，2023（6）：60-70.

［92］李晓钟，张洁. 我国农业信息化就绪度水平区域差异比较研究［J］. 情报科学，2017，35（10）：55-62.

［93］李瑶，李磊，刘俊霞. 我国省际高质量发展水平测度［J］. 统计与决策，2022，38（16）：93-97.

［94］梁健. 数字经济、乡村产业振兴与中国式农业农村现代化［J］. 统计与决策，2024，40（6）：11-15.

［95］梁琳. 数字经济促进农业现代化发展路径研究［J］. 经济纵横，2022（9）：113-120.

［96］林立杰，修莹，钟全雄，等. 现代农业信息化指数测评体系构建［J］. 情报科学，2015，33（6）：63-70.

［97］林万龙，董心意. 新质生产力引领农业强国建设的若干思考［J］. 南京农业大学学报（社会科学版），2024，24（3）：18-27.

［98］刘钒，于子淳，邓明亮. 数字经济发展影响乡村振兴质量的实证研究［J］. 科技进步与对策，2024，41（12）：47-57.

［99］刘国亮，卢超. 数字经济背景下新要素动能对就业结构的影响研究［J］. 经济问题探索，2022（12）：132-151.

［100］刘佳，毕鑫. 数字经济激活乡村产业发展的体系构建［J］. 农业经济，2023（5）：44-46.

［101］刘军，杨渊鋆，张三峰. 中国数字经济测度与驱动因素研究［J］. 上海经济研究，2020（6）：81-96.

［102］刘明辉，乔露．农业强国目标下乡村产业振兴的三重逻辑、现实难题与实践路径［J］．当代经济研究，2023（9）：74-84.

［103］刘帅．互联网金融对企业创新的影响——基于高新技术企业创新数据的实证研究［J］．中国商论，2021（10）：113-115.

［104］刘帅．互联网金融对企业创新的影响——基于高新技术企业创新数据的实证研究［J］．中国商论，2021（10）：113-115.

［105］刘同山，韩国莹．要素盘活：乡村振兴的内在要求［J］．华南师范大学学报（社会科学版），2021（5）：123-136+207.

［106］刘洋．数字经济促进农业发展的机制分析——基于马克思产业资本循环理论［J］．台湾农业探索，2023（3）：55-60.

［107］刘志彪，凌永辉．结构转换与高质量发展［J］．社会科学战线，2020（10）：50-60+281-282.

［108］龙腾．美国"精准农业"模式经验及启示［J］．当代农机，2017（8）：62-63.

［109］娄向鹏．德国：从工业 4.0 到农业 4.0［J］．农产品市场，2023（4）：55-60.

［110］卢现祥．高质量发展的体制制度基础与结构性改革［J］．社会科学战线，2020（5）：61-67.

［111］芦千文，姜长云．乡村振兴的他山之石：美国农业农村政策的演变历程和趋势［J］．农村经济，2018（9）：1-8.

［112］芦人静，余日季．数字化助力乡村文旅产业融合创新发展的价值意蕴与实现路径［J］．南京社会科学，2022（5）：152-158.

［113］罗明玉．5G 新基建赋能乡村产业数字化转型［J］．中国果树，2022（11）：131.

［114］吕康娟，潘敏杰，朱四伟．环保约谈制度促进了企业高质量发展

吗？［J］．中南财经政法大学学报，2022（1）：135-146+160.

［115］吕普生．数字乡村与信息赋能［J］．中国高校社会科学，2020（2）：69-79+158-159.

［116］马改艳，杨秋鸾，王恒波．数字经济赋能乡村产业振兴的内在机制、现实挑战与突破之道［J］．当代经济管理，2023，45（8）：33-38.

［117］马国波．数字经济助力乡村振兴的难点与化解机制［J］．农业经济，2023（11）：47-49.

［118］马文武，韩文龙．数字经济赋能乡村振兴的内在逻辑与实现路径［J］．天津社会科学，2023（3）：91-98.

［119］马亚明，周璐．基于双创视角的数字普惠金融促进乡村振兴路径与机制研究［J］．现代财经（天津财经大学学报），2022，42（2）：3-20.

［120］毛世平．英国农业补贴政策及对我国的启示［J］．黑龙江粮食，2017（11）：49-52.

［121］孟凡，李国领，郭振华，等．农业科技创新存在的问题与解决路径——以实施乡村振兴战略背景下的河南省为例［J］．农业科技管理，2024，43（1）：16-18+24.

［122］孟维福，张高明，赵凤扬．数字经济赋能乡村振兴：影响机制和空间效应［J］．财经问题研究，2023（3）：32-44.

［123］苗俊玲，李子琪．数字技术助推乡村治理发展的内在机理与路径探究［J］．农业经济，2023（6）：69-70.

［124］牟成文，李帆．习近平关于农民增收重要论述的逻辑架构与思维特征［J］．学术探索，2024（7）：1-8.

［125］慕娟，马立平．中国农业农村数字经济发展指数测度与区域差异［J］．华南农业大学学报（社会科学版），2021，20（4）：90-98.

［126］庞丹，张晗．中国式现代化进程中城乡产业融合驱动共同富裕：

现实梗阻及纾解之策 [J]. 农村经济, 2023 (10): 124-134.

[127] 庞国光, 伍国勇, 卢凤雏. 乡村数字经济发展困境及路径探析 [J]. 新疆农垦经济, 2022 (1): 25-32.

[128] 裴长洪, 倪江飞, 李越. 数字经济的政治经济学分析 [J]. 财贸经济, 2018, 39 (9): 5-22.

[129] 彭思喜, 李桦, 张日新. 基于要素协同的农业企业产学研深度融合模式与机制研究——以温氏主导的产学研为例 [J]. 农业经济问题, 2023 (12): 113-129.

[130] 彭小珊, 周发明. 农村电商经营效率研究——基于消费品下行的模型分析 [J]. 农业技术经济, 2018 (12): 111-118.

[131] 齐平, 宋威辉, 高源伯. 数字经济对制造业 "四链" 融合的影响 [J]. 当代财经, 2024 (9): 126-138.

[132] 齐文浩, 李佳俊, 曹建民, 等. 农村产业融合提高农户收入的机理与路径研究——基于农村异质性的新视角 [J]. 农业技术经济, 2021 (8): 105-118.

[133] 秦芳, 王剑程, 胥芹. 数字经济如何促进农户增收？——来自农村电商发展的证据 [J]. 经济学 (季刊), 2022, 22 (2): 591-612.

[134] 邱俊杰, BENFICA Rui, 余劲. 乡村产业数字化转型升级内涵特征、驱动机制与实现路径 [J]. 西北农林科技大学学报 (社会科学版), 2023, 23 (5): 53-66.

[135] 邱泽奇, 乔天宇. 电商技术变革与农户共同发展 [J]. 中国社会科学, 2021 (10): 145-166+207.

[136] 邱子迅, 周亚虹. 数字经济发展与地区全要素生产率——基于国家级大数据综合试验区的分析 [J]. 财经研究, 2021, 47 (7): 4-17.

[137] 曲甜, 黄蔓雯. 数字时代乡村产业振兴的多主体协同机制研

究——以 B 市 P 区"互联网+大桃"项目为例 [J]. 电子政务, 2022 (1)：114-124.

[138] 任保平. 数字经济引领高质量发展的逻辑、机制与路径 [J]. 西安财经大学学报, 2020, 33 (2)：5-9.

[139] 任秦, 沈月琴, 朱哲毅. 山区县数字乡村产业发展的浙江经验与启示 [J]. 浙江农林大学学报, 2023, 40 (4)：901-909.

[140] 任晓聪, 王疏影. 数字化赋能乡村振兴与乡村产业升级研究 [J]. 农业经济, 2023 (4)：44-46.

[141] 阮俊虎, 刘天军, 冯晓春, 等. 数字农业运营管理：关键问题、理论方法与示范工程 [J]. 管理世界, 2020, 36 (8)：222-233.

[142] 申云, 李京蓉. 数字普惠金融助力乡村产业融合发展的共富效应及空间分异 [J]. 华南农业大学学报（社会科学版）, 2023, 22 (4)：82-95.

[143] 沈剑波, 王应宽. 中国农业信息化水平评价指标体系研究 [J]. 农业工程学报, 2019, 35 (24)：162-172.

[144] 沈坤荣, 赵倩. 中国经济高质量发展的能力基础、能力结构及其推进机制 [J]. 经济理论与经济管理, 2020 (4)：4-12.

[145] 时孜腾. 数字经济驱动乡村产业振兴的内在机理——评《数字乡村：数字经济时代的农业农村发展新范式》[J]. 国际贸易, 2022 (11)：98.

[146] 宋常迎, 郑少锋, 于重阳. "十四五"时期数字乡村发展的创新驱动体系建设 [J]. 科学管理研究, 2021, 39 (3)：100-107.

[147] 宋芳. 乡村振兴战略下乡镇政府职能转变问题研究 [D]. 曲阜：曲阜师范大学, 2019.

[148] 宋洪远, 唐文苏. 促进农民农村共同富裕：目标预测与实现路径 [J]. 农村经济, 2024 (9)：49-58.

［149］苏岚岚，彭艳玲．农民数字素养、乡村精英身份与乡村数字治理参与［J］．农业技术经济，2022（1）：34-50．

［150］眭海霞，韩淼，尹宏．农商文体旅融合发展模式及动力机制研究［J］．经济问题探索，2023（7）：54-62．

［151］孙文婷，刘志彪．数字经济、城镇化和农民增收：基于长江经济带的实证检验［J］．经济问题探索，2022（3）：1-14．

［152］孙晓，罗敬蔚．金融科技赋能乡村产业振兴的核心优势与基本模式研究［J］．学习与探索，2022（2）：136-143．

［153］孙晓，张颖熙．数实融合背景下平台经济优化乡村产业链的机制［J］．中国流通经济，2024，38（2）：13-23．

［154］覃朝晖，潘昱辰．数字普惠金融促进乡村产业高质量发展的效应分析［J］．华南农业大学学报（社会科学版），2022，21（5）：23-33．

［155］覃朝晖，田杰鑫，何宇．数字经济如何驱动乡村产业高质量发展：基于劳动力与资本要素错配的分析［J］．世界农业，2023（7）：40-51．

［156］唐红涛，谢婷．数字经济视角下产业扶贫与产业振兴有效衔接的机理与效应研究［J］．广东财经大学学报，2022，37（4）：30-43．

［157］唐杰，刘建党，梁植军．治理质量对中国省域经济增长的影响研究：高速度增长与高质量发展［J］．经济社会体制比较，2019（3）：16-28．

［158］唐莹，孙玉晶．乡村产业高质量发展对耕地利用功能转型的影响［J］．学术交流，2024（2）：93-109．

［159］田野，刘勤，黄进．数字经济赋能乡村产业振兴的作用机理——基于湖北省秭归县三个典型乡镇的案例分析［J］．农业经济问题，2023（12）：36-46．

［160］田野，叶依婷，黄进，等．数字经济驱动乡村产业振兴的内在机理及实证检验——基于城乡融合发展的中介效应［J］．农业经济问题，

2022（10）：84-96.

［161］完世伟，汤凯．数字经济促进乡村产业振兴的机制与路径研究
［J］．中州学刊，2022（3）：29-36.

［162］万宝瑞．加快提高我国农业竞争力的思考［J］．农业经济问题，
2016，37（4）：4-8.

［163］万建军，胡文萍．乡村振兴背景下数字经济驱动农村产业融合的
机理与路径探析［J］．农业经济，2023（8）：22-24.

［164］汪振，唐惠敏．数字下乡：乡村产业振兴的技术实践与风险规避
［J］．农村经济，2023（12）：53-61.

［165］王彬燕，田俊峰，程利莎，等．中国数字经济空间分异及影响因
素［J］．地理科学，2018，38（6）：859-868.

［166］王定祥，冉希美．农村数字化、人力资本与农村产业融合发展：
基于中国省域面板数据的经验证据［J］．重庆大学学报（社会科学版），
2022，28（2）：1-14.

［167］王海侠，屈林婧．数字农业的发展历程、应用场景及优化路
径——基于数字农业应用场景的讨论［J］．南京农业大学学报（社会科学
版），2024，24（6）：146-158.

［168］王红霞，周定勇．数字经济赋能乡村振兴的贵州实践——来自黔
西市的调查报告［J］．新西部，2022（Z1）：37-40.

［169］王娟．数字经济驱动经济高质量发展：要素配置和战略选择
［J］．宁夏社会科学，2019（5）：88-94.

［170］王军，朱杰，罗茜．中国数字经济发展水平及演变测度［J］．数
量经济技术经济研究，2021，38（7）：26-42.

［171］王昆，崔菁菁．青年返乡电商创业赋能乡村产业振兴的现实问
题、典型案例和实践路径［J］．经济纵横，2023（11）：122-128.

[172] 王丽，滕慧君. 数字经济赋能乡村振兴的传导机制与实践路径 [J]. 农业经济，2023（8）：61-62.

[173] 王宁，张悟移. 区域物流加权网络模型的构建及其稳健优化：以江浙沪地区为例 [J]. 工程管理科技前沿，2024（5）：1-15.

[174] 王清刚，汪帅. 区域经济政策与企业全要素生产率——基于"长江经济带"经济政策的准自然实验研究 [J]. 中南财经政法大学学报，2022（5）：134-146.

[175] 王瑞峰. 涉农电商平台助力乡村产业数字化转型的理论逻辑与实证检验 [J]. 中国流通经济，2022，36（10）：46-57.

[176] 王淑婷. 德国"农业4.0"关键术语汉译及阐释对我国农业发展的启示 [J]. 现代化农业，2020（5）：51-52.

[177] 王婷. 乡村振兴视域下的时代新人培育研究 [J]. 学习与探索，2021（5）：42-47.

[178] 王伟玲，王晶. 我国数字经济发展的趋势与推动政策研究 [J]. 经济纵横，2019（1）：69-75.

[179] 王小兵，唐文凤，梁栋，等. 数据要素驱动农业高质量发展的管理机制研究 [J]. 中国农业资源与区划，2024，45（10）：1-6.

[180] 王小华，张莹，胡大成. 数字金融赋能农业农村高质量发展：典型案例、现实困境及机制创新研究 [J]. 江南大学学报（人文社会科学版），2021，20（3）：18-32.

[181] 王小林. 以数字化助推农业现代化 [J]. 劳动经济研究，2022，10（6）：11-15.

[182] 王晓兵. 推动农业机械化智能化，强化粮食安全装备支撑 [J]. 农业经济与管理，2023（1）：21-23.

[183] 王兴国. 数字经济赋予乡村振兴发展新动能研究 [J]. 农业经济，

2023 (3)：69-70.

[184] 王雅君．创新驱动要素重组：乡村产业振兴的路径 [J]．中共杭州市委党校学报，2020 (5)：54-60.

[185] 王颜齐，孙楠．数字经济赋能乡村发展：脱贫攻坚成果同乡村振兴有效衔接的助推机制及路径 [J]．电子政务，2023 (8)：120-132.

[186] 王晔．乡村产业振兴系统架构与数字化路径探讨——评《乡村产业振兴研究》[J]．商业经济研究，2022 (11)：193.

[187] 王永静，纪阳阳．乡村数字经济缓解多维相对贫困的理论分析与机制检验 [J]．统计与决策，2023，39 (15)：57-63.

[188] 王竹君，任保平．中国高质量发展中效率变革的制约因素与路径分析 [J]．财经问题研究，2019 (6)：25-32.

[189] 温涛，陈一明．数字经济与农业农村经济融合发展：实践模式、现实障碍与突破路径 [J]．农业经济问题，2020 (7)：118-129.

[190] 文丰安．乡村产业数字化、生态化质量转型：基本内涵、问题分析及保障路径 [J]．宏观质量研究，2023，11 (4)：109-118.

[191] 吴彬，徐旭初，徐菁．跨边界发展网络：欠发达地区乡村产业振兴的实现逻辑——基于甘肃省临洮县的案例分析 [J]．农业经济问题，2022 (12)：59-72.

[192] 吴迪，徐政．新动能引领制造业高质量发展 [J]．中南财经政法大学学报，2021 (5)：123-134.

[193] 吴昊．数字经济背景下农村创业生态系统构建与实施研究 [J]．农业经济，2022 (11)：125-127.

[194] 吴晓曦．数字经济与乡村产业融合发展研究 [J]．西南金融，2021 (10)：78-88.

[195] 夏杰长．以数字经济改造农业产业化服务体系 [N]．经济日报，

2020-07-15 (11).

[196] 夏金梅, 吴紫莹. 数字经济赋能乡村产业融合: 中国实践、国外经验与创新路径 [J]. 世界农业, 2023 (12): 55-65.

[197] 向书坚, 吴文君. 中国数字经济卫星账户框架设计研究 [J]. 统计研究, 2019, 36 (10): 3-16.

[198] 肖顺武, 董鹏斌. 中国式现代化进程中数字经济服务乡村振兴的困境检视、内在机理与实现路径 [J]. 经济问题探索, 2023 (5): 1-12.

[199] 谢德城, 涂明辉. 数字经济推进乡村振兴高质量发展的思考——学习党的二十大报告 [J]. 农业考古, 2023 (3): 201-208.

[200] 谢丽娟, 谢智文. 金融集聚对经济增长的影响效应分析——以珠三角城市群为例 [J]. 内蒙古财经大学学报, 2020, 18 (4): 83-88.

[201] 谢璐, 韩文龙. 数字技术和数字经济助力城乡融合发展的理论逻辑与实现路径 [J]. 农业经济问题, 2022 (11): 96-105.

[202] 谢谦, 郭杨. 数字技术、创新要素结构优化与企业全要素生产率 [J]. 北京师范大学学报 (社会科学版), 2022 (6): 134-144.

[203] 谢申祥, 王晖, 范鹏飞. 自由贸易试验区与企业出口产品质量——基于上海自贸试验区的经验分析 [J]. 中南财经政法大学学报, 2022 (2): 121-134.

[204] 谢文帅, 宋冬林, 毕怡菲. 中国数字乡村建设: 内在机理、衔接机制与实践路径 [J]. 苏州大学学报 (哲学社会科学版), 2022, 43 (2): 93-103.

[205] 辛岭, 刘衡, 胡志全. 中国农业农村现代化的区域差异及影响因素分析 [J]. 经济纵横, 2021 (12): 101-114.

[206] 熊春林, 刘俏, 龚林青. 农业农村信息化政策是否真正促进了农民增收? ——基于多期 DID 的实证检验 [J]. 湖南农业大学学报 (社会科学

版），2021，22（4）：52-58.

［207］徐梅焕，石伟平．日本农业职业教育"促进新农民"策略探析
［J］．比较教育研究，2023，45（12）：100-107.

［208］徐伟呈，周田，郑雪梅．数字经济如何赋能产业结构优化升
级——基于ICT对三大产业全要素生产率贡献的视角［J］．中国软科学，
2022（9）：27-38.

［209］徐伟祁，李大胜，魏滨辉．数字普惠金融对乡村产业振兴的影响
效应与机制检验［J］．统计与决策，2023，39（16）：126-131.

［210］徐现祥，李书娟，王贤彬，等．中国经济增长目标的选择：以高
质量发展终结"崩溃论"［J］．世界经济，2018，41（10）：3-25.

［211］许宪春，张美慧．中国数字经济规模测算研究——基于国际比较
的视角［J］．中国工业经济，2020（5）：23-41.

［212］许玉韫，张龙耀．农业供应链金融的数字化转型：理论与中国案
例［J］．农业经济问题，2020（4）：72-81.

［213］薛国琴，项辛怡．以农村信息化基础设施建设促进农业农村数字
经济发展［J］．农业经济，2020（12）：39-41.

［214］薛洲，高强．日本农业机械化支持政策：演变历程与经验借鉴
［J］．世界农业，2023（7）：52-63.

［215］杨慧梅，江璐．数字经济、空间效应与全要素生产率［J］．统计
研究，2021，38（4）：3-15.

［216］杨江华，刘亚辉．数字乡村建设激活乡村产业振兴的路径机制研
究［J］．福建论坛（人文社会科学版），2022（2）：190-200.

［217］杨江华，王玉洁．数字乡村建设与乡村新人口红利的生成逻辑
［J］．人文杂志，2022（4）：81-89.

［218］杨梦洁．数字经济驱动城乡产业链深度融合的现状、机制与策略

研究［J］．中州学刊，2021（9）：28-34.

［219］杨水根，王吉．流通数字化赋能乡村产业振兴的机理与效应［J］．华南农业大学学报（社会科学版），2023，22（2）：1-14.

［220］杨文溥．中国产业数字化转型测度及区域收敛性研究［J］．经济体制改革，2022（1）：111-118.

［221］杨玉敬．数字经济与乡村振兴耦合协调发展水平研究［J］．技术经济与管理研究，2022（7）：14-19.

［222］杨志安，邱国庆．财政分权与中国经济高质量发展关系——基于地区发展与民生指数视角［J］．财政研究，2019，（8）：27-36.

［223］杨志萍．数字赋能乡村产业振兴的内在逻辑与现实选择［J］．湖北经济学院学报（人文社会科学版），2022，19（3）：32-36.

［224］姚毓春，张嘉实．数字经济赋能城乡融合发展的政治经济学分析［J］．内蒙古社会科学，2023，44（2）：117-125+213.

［225］姚毓春，张嘉实．数字经济赋能城乡融合发展：内在机理与实证检验［J］．哈尔滨商业大学学报（社会科学版），2023（2）：93-105.

［226］姚毓春，张嘉实．数字经济与城乡融合发展耦合协调的测度与评价研究［J］．兰州大学学报（社会科学版），2023，51（1）：54-67.

［227］姚毓春，张嘉实，赵思桐．数字经济赋能城乡融合发展的实现机理、现实困境和政策优化［J］．经济纵横，2022（12）：50-58.

［228］叶兴庆．迈向2035年的中国乡村：愿景、挑战与策略［J］．管理世界，2021，37（4）：98-112.

［229］殷浩栋，霍鹏，肖荣美，等．智慧农业发展的底层逻辑、现实约束与突破路径［J］．改革，2021（11）：95-103.

［230］殷莺．基于案例分析的金融风险管理与控制研究［J］．农业技术经济，2022（9）：146.

［231］于万清．大数据与计算机技术在乡村产业振兴与智慧农业中的应用［J］．中国农业资源与区划，2023，44（10）：66+86.

［232］余泳泽，杨晓章，张少辉．中国经济由高速增长向高质量发展的时空转换特征研究［J］．数量经济技术经济研究，2019，36（6）：3-21.

［233］曾麟朝，马丹丹．直播电商支持乡村振兴的机理与策略：以经济视角研究［J］．商业经济研究，2023（2）：95-98.

［234］张鸿，王浩然，李哲．乡村振兴背景下中国数字农业高质量发展水平测度——基于2015—2019年全国31个省市数据的分析［J］．陕西师范大学学报（哲学社会科学版），2021，50（3）：141-154.

［235］张嘉实．数字经济驱动乡村产业多元化发展的内在机理与实证检验［J］．经济问题，2023（9）：44-51.

［236］张军扩，侯永志，刘培林，等．高质量发展的目标要求和战略路径［J］．管理世界，2019，35（7）：1-7.

［237］张良，徐志明，李成龙．农村数字经济发展对农民收入增长的影响［J］．江西财经大学学报，2023（3）：82-94.

［238］张龙耀，邢朝辉．中国农村数字普惠金融发展的分布动态、地区差异与收敛性研究［J］．数量经济技术经济研究，2021，38（3）：23-42.

［239］张峭，庹国柱，王克，等．中国农业风险管理体系的历史、现状和未来［J］．保险理论与实践，2020（7）：1-17.

［240］张旺，白永秀．数字经济与乡村振兴耦合的理论构建、实证分析及优化路径［J］．中国软科学，2022（1）：132-146.

［241］张晓岚．数字经济助力乡村振兴的核心问题及对策建议［J］．西南金融，2023（6）：95-106.

［242］张勋，万广华，张佳佳，等．数字经济、普惠金融与包容性增长［J］．经济研究，2019，54（8）：71-86.

［243］张妍，刘冲，沙学康．减税有助于释放创新红利吗——来自增值税转型改革的理论与经验证据［J］．中南财经政法大学学报，2022（6）：68-81.

［244］张焱．数字经济、溢出效应与全要素生产率提升［J］．贵州社会科学，2021（3）：139-145.

［245］张永奇，单德朋．数字经济与粮食安全——基于粮食生产稳定性的视角分析及县域证据［J］．财经理论研究，2025（1）：104-112.

［246］张蕴萍，栾菁．数字经济赋能乡村振兴：理论机制、制约因素与推进路径［J］．改革，2022（5）：79-89.

［247］张中华，刘泽圻．论高质量发展阶段的投资结构优化［J］．中南财经政法大学学报，2022（1）：3-13.

［248］赵成伟，许竹青．质量发展视阈下数字乡村建设的机理、问题与策略［J］．求是学刊，2021，48（5）：44-52.

［249］赵春江．智慧农业的发展现状与未来展望［J］．华南农业大学学报，2021，42（6）：1-7.

［250］赵德起，丁义文．数字化推动乡村振兴的机制、路径与对策［J］．湖南科技大学学报（社会科学版），2021，24（6）：112-120.

［251］赵民学．数字经济背景下农村金融服务乡村产业振兴的困境及应对［J］．农业经济，2023（9）：117-119.

［252］赵敏娟，杜瑞瑞．新质生产力推动农业全产业链绿色转型：理论逻辑与路径选择［J］．农业现代化研究，2024，45（5）：723-732.

［253］赵敏娟，周超辉．高质量推进农业绿色发展：多目标协同和多中心治理［J］．中国农业大学学报（社会科学版），2024，41（5）：34-49.

［254］赵涛，张智，梁上坤．数字经济、创业活跃度与高质量发展——来自中国城市的经验证据［J］．管理世界，2020，36（10）：65-76.

［255］赵志阳，邢茜，高小升．乡村振兴助力共同富裕的应得正义逻辑与当代价值［J］．西北农林科技大学学报（社会科学版），2024，24（6）：33-42.

［256］郑军南，刘亚辉．数字技术赋能乡村产业振兴——基于临安区山核桃产业数字化转型案例的研究［J］．上海商学院学报，2021，22（2）：100-109.

［257］郑有贵．农业转型升级对政府强依赖的原因及其对策——兼论农业组织化实现形式的优化和转型［J］．农业经济问题，2016，37（10）：4-8.

［258］郑媛媛，杨仁发，陆瑶．数字经济、市场分割与国内大循环［J］．当代财经，2025（3）：112-125.

［259］郑直，孔令海．乡村人才振兴与乡村经济高质量发展——基于高校毕业生返乡就业分析［J］．经济问题，2024（2）：91-97.

［260］郑紫璇，许洁好，杨文．发达国家农业科技创新模式及其启示［J］．海峡科学，2022（4）：109-112.

［261］钟甫宁，罗必良，吴国宝，等．"加快推进乡村振兴、扎实推动共同富裕"主题笔谈［J］．南京农业大学学报（社会科学版），2022，22（3）：1-18.

［262］钟钰．数字乡村建设：形势、特征与重点［J］．人民论坛，2023（21）：54-58.

［263］钟钰，甘林针，王芹，等．数字经济赋能乡村振兴的特点、难点及进路［J］．新疆师范大学学报（哲学社会科学版），2023，44（3）：105-115.

［264］钟真．社会化服务：新时代中国特色农业现代化的关键——基于理论与政策的梳理［J］．政治经济学评论，2019，10（2）：92-109.

［265］钟真，刘育权，李海琪．数字赋能乡村振兴的动力与模式［J］．农村工作通讯，2021（16）：21-23．

［266］周国富，郭淑婷，张春红．数字普惠金融对乡村振兴的影响：机制与路径［J］．调研世界，2024（11）：3-16．

［267］周锦．数字文化产业赋能乡村振兴战略的机理和路径［J］．农村经济，2021（11）：10-16．

［268］周清香，李仙娥．数字经济与农业高质量发展：内在机理与实证分析［J］．经济体制改革，2022（6）：82-89．

［269］周新德，周杨．数字经济赋能乡村产业振兴的机理、障碍与路径研究［J］．粮食科技与经济，2021，46（5）：21-26．

［270］朱海波，毕洁颖．巩固拓展脱贫攻坚成果同乡村振兴有效衔接：重点方向与政策调试——针对"三区三州"脱贫地区的探讨［J］．南京农业大学学报（社会科学版），2021，21（6）：80-90．

［271］朱军．所得税改革的要素分配与长期增长效应［J］．社会科学文摘，2022（12）：81-83．

［272］朱秋博，白军飞，彭超，等．信息化提升了农业生产率吗？［J］．中国农村经济，2019（4）：22-40．

［273］朱群芳，闵佳迪，郭沛瑶．数字经济、产业韧性与乡村产业高质量发展［J］．中国农业资源与区划，2024，45（10）：1-15．

［274］朱喜安，马樱格．数字经济对绿色全要素生产率变动的影响研究［J］．经济问题，2022（11）：1-11．